学习的学问

Scalers —— 著

走出低效与无序的实践法则

电子工业出版社
Publishing House of Electronics Industry
北京·BEIJING

内 容 简 介

数字经济时代，新技术、新业态涌现，持续学习、不断学会成为对每一个社会人的基本要求。本书主要讨论"学习"这个主题，介绍了学习者如何做好学习的全生命周期管理，具体内容包括：从开始学习到最终学会，要穿越哪些阶段，每个阶段会遇到什么问题，并且需要注意哪些方面，等等。

全书共分5章，第一章讨论如何打开学习的视野，第二章讨论如何做好学习前的充足准备，第三章讨论如何掌握三大学习关键，第四章讨论如何监控与调整自己的学习状态，第五章讨论如何学以致用，以及如何检验学习成果。

未经许可，不得以任何方式复制或抄袭本书之部分或全部内容。
版权所有，侵权必究。

图书在版编目（CIP）数据

学习的学问：走出低效与无序的实践法则 / Scalers 著. —北京：电子工业出版社，2022.5
ISBN 978-7-121-42994-1

Ⅰ. ①学⋯ Ⅱ. ①S⋯ Ⅲ. ①学习方法－通俗读物 Ⅳ. ①G791-49

中国版本图书馆 CIP 数据核字（2022）第 031552 号

责任编辑：滕亚帆
印　　刷：天津千鹤文化传播有限公司
装　　订：天津千鹤文化传播有限公司
出版发行：电子工业出版社
　　　　　北京市海淀区万寿路 173 信箱　　邮编：100036
开　　本：880×1230　1/32　印张：9.5　字数：252 千字
版　　次：2022 年 5 月第 1 版
印　　次：2022 年 5 月第 1 次印刷
定　　价：69.00 元

凡所购买电子工业出版社图书有缺损问题，请向购买书店调换。若书店售缺，请与本社发行部联系，联系及邮购电话：（010）88254888，88258888。
质量投诉请发邮件至 zlts@phei.com.cn，盗版侵权举报请发邮件至 dbqq@phei.com.cn。
本书咨询联系方式：（010）51260888-819，faq@phei.com.cn。

推 荐 语

《学习的学问》讨论的既是学习的学问，也是个人发展的学问。通过研读这本书，养成持续学习的习惯，可以成就一个更了不起的自己。

——陈海贤　畅销书《了不起的我》作者、浙江大学心理学博士

Scalers一向都是那种"人狠话不多"型的老师，他最令人敬佩和喜欢的地方就是"实干"。而且，他不仅自己实干，还带着一群人一起实干出成果。

这样一位实干派老师，必然会非常珍惜他每一次认真表达的机会。所以，他的新书，你肯定值得认真阅读。

——黄有璨　畅销书《运营之光》《非线性成长》作者

我很喜欢一句话：如果你觉得知识昂贵，试试无知的代价。所谓无知，不是不学习，而是学错了。Scalers老师的全新力作《学习的学问》，从五大维度告诉你学习的秘密，让你从看到书的一刻开始，就开始学对，超越还在继续学错的同龄人。如果你时间有限只能读一本书，又想提高学习的水平，读好这一本就够了。

——帅健翔　资深投资人、畅销书《财务自由第一课》作者

深夜，读完了Scalers老师的新作《学习的学问》，掩卷长思，感受到的是对"学习"观念的洗礼，享受到的是"持续精进"的快感。这本书会打通你关于"学习"的任督二脉，带给你找到豁然开朗之感！

——石雷鹏　青年作家、知名考研英语教师

Scalers是我见过最会学习和最有意愿学习的人之一，他可以风雨无阻地每天早起与社群成员共读共学，他也啃得下99%的人只能放在书架上"吃灰"的大部头们。他这样要求自己，也同样如此要求别人，只要你跟他是同路人。

《学习的学问》并不是一本读完你就能掌握很多知识的书，这与书中精神相悖。相反，它是一本你读了就要花更多时间学习其他知识的书，只不过你会变得不再抵触学习。任何书都无法一下子让你成为智者，但有些书可以让你像智者一样行动。

——蔡垒磊　畅销书《认知突围》《上行》《爱情的逻辑》作者

学习能力，是赚钱所需要的众多能力中最重要的能力之一。商业社会千变万化，没有快速的学习能力，很容易让自己与真实世界脱节，遭遇中年危机。获得有效的学习能力，才能以不变应万变，什么不会学什么。

我与 Scalers 认识很多年，常常好奇，为什么他的认知每年都在飞速提升，这本书中他将自己认知飞速提升的底层方法分享出来，值得一看再看，推荐给大家。

——亦仁　知识星球头部社群"生财有术"主理人

人生总得吃苦，不吃这苦，就吃那苦，既然这样，不如就选择吃学习的苦。但凡吃得了学习之苦的人，在其他方面就少吃很多苦。最怕是吃了苦，没学到，S 老师的这本书，介绍的就是一套在学习上有效吃苦的系统方法。

——粥左罗　个人成长专家、知名自媒体人

职场中的许多关键技能，如说服、沟通、谈判，都需要学习，而学习是有学问在的。这本书可以帮助你窥见学习的学问。只要你保持持续学习的势头，最后一定会热爱学习、学以致用。

——熊浩　复旦大学法学院副教授、演说家冠军、得到 App "跟熊浩学沟通三十讲"主理人时代变化很快，持续学习，尤其是对互联网人，至关重要。《学习的学问》引导我们用一百年的格局来看待学习，引导我们打破迷茫、突破成长、学以致用。学点习、做点事，人间值得。

——stormzhang　公众号"stormzhang"主理人

第一次知道 S，是因为他的一篇全网爆文《那一年，我去了清华园，你去了阿里巴巴》，那个时候他已经日更近 300 篇文章，拥有了一群"学友"粉丝，并运营自己的学习社群。转眼已过去 8 年，他的文章日更了 8 年，社群运营了 8 年，影响力和规模，以及学友的数量也呈指数级增长。他用独有的硬核式学习方法，几乎靠着一己之力，干出了一个超硬核学习社群。

《学习的学问》是 S 老师的第三本书，在还没正式出版之前，收到了"专家审读版"，第一时间阅读，收获极大。这个碎片化时代，我们的学习越来越被局限于各个散落的点，一篇文章、一条视频、一个概念，看上去吃进去了，却总有点儿消化不良，而这本书则是从学习的底层出发，从认知态度，到规划筹备，再到落地执行、监控跟踪，以及最关键的应用实践，这才是学习的完整过程，也是 S 老师说的"学习的全生命周期"。

就像这本书的英文名 *Relentless Learning*，翻译为"持续学习"，何为持续，就是周而复始地"硬学"，也祝各位读完此书，开始自己的硬核学习之旅！

——Kris　畅销书《引爆自律力》作者、百万粉丝公众号
"Kris 在路上"主理人

高效持续学习的
15 条实践法则

1. 天无绝人之路，破局就靠学习。每个人都要再给"学习"一次机会，去重新认识学习。

2. 初学者一定要放弃"通过做计划提高执行力"的想法。计划是用来"完成"的，不是用来"晒"的。

3. 学习稳赚不赔，不要吝啬投入学习中的时间，投入越多越好。

4. 值得我们持续学习的四大领域：本专业知识，一切关于人的知识，关于人、事、物的历史知识，以及文理知识。

5. 要从基础概念抓起，建立 100 个概念台账，最终形成概念网络，你会发现新世界。

6. 不管学习哪个领域的知识，梳理出这个领域的 100 个问题并回答，可以帮助我们掌握基本原理。

7. 监控自己的学习状态，感知所处的学习阶段，采取相应的学习方法，减少情绪波动，提升学习效果。

8 　到底有没有学会，就看"第一反应"是不是变成了正确的反应。

9 　不要喜新厌旧，不必刻意追新，把经典吃透，功力会有大幅长进。

10 　如果感觉自己学会了，就问自己能不能做出来、讲出来、写出来，最好试着把你学会的写成一本书。

11 　不要刻意追求快速学习，学得多了，自然就快了，直接加速，动作会变形。

12 　不要因为自己在学习，就看不起身边尚未开始学习的人，例如家人或者朋友。

13 　经过持续学习，会逐渐形成自己的一些观点和想法，要敢用真金白银检验自己的判断，敢为自己的观点下重注。

14 　学习没有"最好的方法"，不要成为方法的"粉丝"，知道"方法"在什么时候不能用，才算掌握了"方法"。

15 　自己学会了还不够，还要消灭"小透明"，与他人一起持续行动、共同学会、共同富裕。

目　　录

序章 / 1
能"看见"，就能"学会"

第一章 / 9
打开学习的视野

01　持续学习，百年大计 / 12

　　再给学习一次机会 / 13
　　唯有学习才能破局 / 18

　　持续学习永远没有完成时 / 22

　　学习的本事，是"长"出来的 / 24
　　学习就像吃饭，到点就要学 / 26

　　钱赚得越多，越要持续学习 / 29

第二章 / 33
做好学习前的充足准备

02

初学者的谎言：通过做计划提高执行力 / 36
　　计划是要完成的，不是用来"晒"的 / 37
　　用渐进明细的方式做计划 / 38
　　做计划的能力，就像花钱的能力 / 41

构建人生学习蓝图，学到真正的知识 / 42
　　先解决生存问题：学好专业，构建完备知识体系 / 42
　　持续提升软实力：学习一切关于人的知识 / 45
　　解决更难的问题：在历史知识里寻找智慧 / 46
　　全方位理解世界：打通文理知识的隔阂 / 47

压倒性投入学习时间 / 50
　　在绝对力量面前，任何技巧都是苍白的 / 52
　　学习，从每天锁定一小时开始 / 53

最好的学习方法是：没有方法，硬学 / 56
　　有没有"最好的学习方法" / 56
　　"好方法"是生长出来的 / 57

持续学习七大必备工具 / 60

第三章 / 67
掌握三大学习关键，让基础更扎实

03

建立概念网络，打通不同领域 / 70
理解概念：以"情绪"概念为例，从不同领域找定义 / 70
用好概念：细抠+扩展+积累，形成涌现效果 / 75
终极目标：建立高精度、全联通的概念网络 / 80
概念实战：建立 100 个概念台账 / 83
风险警告：不要掉进概念的陷阱里 / 86

掌握原理，建立框架，学会全面看问题 / 98
做好准备：沿着逻辑串联概念 / 101
获取原理：用问题牵引原理，驱动学习 / 103
一个悖论：我们喜欢"具体"胜于原理 / 106
用好原理：从 100 个概念到 100 个问题 / 111
建立框架：框架是原理的"组团"出道 / 115
寻找框架：吸收各领域里的经典知识 / 122

借鉴迁移，做有创造性的高阶学习者 / 125
追寻本质：事物之间是普遍联系的 / 125
一个利器：用"隐喻"训练自己的学习本领 / 138
一个例子：用"隐喻"理解持续行动与刻意学习 / 141
学习引擎：记下你的 100 个灵感 / 143

第四章 / 149
持续监控，持续调整，持续精进

04

监控学习状态 / 152

- 看地图：让持续学习通关的六大阶段 / 153
- 调策略：抓住第一反应的"牛鼻子" / 163
- 勤迭代：学习是把 0 变成 1 的过程 / 174
- 研案例：辞职在家考研的风险有多大 / 178

调整学习心态 / 183

- 平常心：初学者不宜刻意追新 / 183
- 守本分：做学习和工作的老实人 / 187
- 收锋芒：见机行事，低调做人 / 191
- 不怕苦：学习的苦是"自找的" / 195
- 有张弛：学习到烦躁怎么办 / 201

精进学习技术 / 204

- 唯快不破：怎样才能快速学习 / 204
- 唯难不惧：有难度的知识要怎么学 / 210
- 自我升级：用复盘提升进步速度 / 215
- 保持专注：用问题引导前进的方向 / 220
- 换位思考：怎样提出一个好问题 / 225

第五章 / 235
从"会学"到"学会"

05 一旦学会，主动输出 / 238

　　一听就懂？那就输出 / 238
　　持续输出，不如写书 / 240
　　如何写书，是对学习者的终极考验 / 244

用真金白银检验自己的判断 / 247

　　敢为自己的观点下重注 / 248
　　我买的股票涨了 10 倍 / 249
　　想吃肉，就要能挨打 / 252

知道"方法"在什么时候不能用 / 254

　　对"小镇做题家"好一点 / 254
　　不要成为方法的"粉丝" / 256
　　学习没有"最好的方法" / 258

让更多人一起学会 / 261

　　管理学"真香" / 261
　　持续学习者持续让他人学会 / 263
　　以读书会与人共学 / 265
　　全面消灭"小透明" / 270

结语 / 275
持续发声，直到相遇

附录 A / 283
学习成果自测、思考题

序章

能"看见",就能"学会"

我在清华大学读研究生的时候，学过一门数学系的数论课。授课老师是一位老教授，上课只用粉笔写板书。课程内容就是证明定理，一个接一个，全程"烧脑"。我们必须边听边想边记，稍不留神，就跟不上。证明数学定理，需要用到很多数学基础知识和技巧。教授很享受授课的过程，经常会说："显然，我们有以下结论成立……"

每当这时，课堂上就会出现一阵躁动。教授转过身，目光透过眼镜片，笑看着大家："怎么？这个也不会？"我们摇头，教授微笑，踱到黑板另一侧，擦干净黑板，开始讲解"基础知识"。但这些"基础知识"，又需要更多的基础知识来讲解，教授发现，这些基础知识我们也有不会的，于是教授敲着黑板笑着说："这些还不会，那我就救不了啦！"

世间最远的距离莫过于，这是你的"显然"，却是我的"茫然"，我们同在一个时空，看到的却大不相同。

学习有点像登高望远。当我们站在百米高层远眺时，视野开阔，收尽城市天际线，这时候如果你对正在一层的人说："你看那远处的天空与海面连成一片，你看那片树林郁郁葱葱，你看那朝阳落日云蒸霞蔚。"这些景色是多么"显然"，但是在一层的人却会一脸茫然，"哪有什么大海森林，我只能看到马路对面的大排档，还有午夜留下的一摊垃圾。"

于是，楼上的人对楼下的人说："你再往上走几层看看，能看到大海吗？"楼下的人说："看不到，我只能看到商场楼顶的空调。""那再往上走走呢？""啊，看到了一排海边的红树林。"楼上的人接着鼓励道："你继续往上走，不要停。"楼下的人说："不想走，太累了。"过了很久，楼下的人说："啊！我上来了！终于看到大海啦！"

学习就是这么一个登高望远的过程。最开始，站在高处的朋友告诉你，他们看见了树林和大海，风景很美丽，邀请你一起看，但是你什么都看不见。看不见，并不是因为你眼睛近视，而是因为你没有站在他们所处的位置。于是，他们的"显然"，就成了你的"茫然"。

站在楼下的你，看不到楼上的人看到的风景，只能去想象别人告诉你的样子。如果你想亲眼看到，就必须动身上楼。于是，你开始爬楼梯，不断地提升自己的位置，渐渐地，你的视野开阔起来，你开始看到和以前不一样的风景。等到有一天，你终于看到传说中的风景的时候，你发现自己已经站到了更高的楼层。这时候，你也会对楼下的人说："快上来看看，风景很美，能看见大海。"

学习就是这么一个不断"看见"的过程。不管你是在一层，还是在高层，都是在"看"，但是所处的位置不一样，看到的风景也不一样。世界仍然是那个世界，只有在我们改变了自己的位置以后，看到的景色才会不一样。一旦看到的不一样，我们感知到的世界也会不一样。你在一层的时候，正好马路边堆满了前一天从大楼里清理出来的垃圾，地面上仍然有前一晚夜市残留的狼藉等待清扫。此情此景，你可能感慨城市好乱，无法再爱。但是当你在高楼远眺时，看见日出和云彩，看见红日磅礴，就会感觉新的一天，充满希望。

所有的学习，都是为了学会；所有的学会，都是为了看见。我相信，只要你能"看见"，就一定能"学会"。而所有的看见，都是为了更好地认识世界，通过认识世界，又能更好地认识自己，毕竟我们处在世界之中。

关于如何学习，已经有太多书在讨论这个话题：怎样学习效率高、怎样学习效果好、怎样考试得高分……那么多的作品，可能把该写的都写尽了。大多数人通过学习这些书，以及持续练习，完全可以成为学习高手。但是仍然有很多人入不了学习的门，上不了学习的车，这又是什么原因呢？是因为缺少"看见"。很多困惑于如何学习的人，并没有看见一个事实：学习中能看见的风景，会随着学习的开展和深入不断发生变化。最开始可能是无聊且枯燥的，因为你只能看见马路边垃圾成堆；但是倘若继续走下去，最终会遇到豁然开朗的时刻，那时候视野打开，你会看见大海与树林，看见完全不同的图景，也会有全然不同的心境。

而学习最不应该做的事情就是，因为不小心看见了破烂不堪的景色，看见了杂乱的施工现场，于是决定放弃，决定停止，用他人的错误惩罚自己，而忘记了这只是世界的一处小角落。我们可以选择上楼，看见更多的风景，看见更完整的世界。而等我们看得更多，看得更准的时候，自然会有不同的想法，比如努力解决我们曾经遇到的问题。这些想法，就是从脑海里自然生长出来的，是"看见"以后产生的想法。

关于学习，已经有太多书讨论过，甚至一开始我还在想，这本书是不是完全没有写的必要。然而我记得，"唐宋八大家"之一王安石曾说：

> 世之奇伟、瑰怪，非常之观，常在于险远，而人之所罕至焉，故非有志者不能至也。

结合"看见"的原理，我马上改变并明确了自己的想法：在学习上，我曾持续爬了很多层楼，去了很多地方，看见了很多风景。这些风景美不胜收，也许很多人都没有去过，也未曾见过，我要把这些风景一五一十地告诉你，我相信你也会想要看见，想要自己去看看。

我写这本书的时候，已经"看到"了这本书的样子，目录怎样、篇幅如何，已经"看到"了在某座城市书店里你的目光扫过书架，停留在这本书封面上的样子，"看到"了你来参加我的新书分享会，我们交流互动的样子，"看到"了你用笔在书页上画线并拍照发朋友圈的样子，"看到"了你去网上搜索这本书的电子版的样子……这些就是我"看见"的，我现在做的就是遵循我所"看见"的指引，在真正的世界里见证其发生。

倘若这本书里关于学习、关于学会、关于"看见"的一些讨论与描述，触发了你的想法，让你萌生了"我也要去看看"的念头，那么迟早有一天，你也会动身上楼，去看不一样的风景。到那时候，相信我们会在高处相遇，相信我们会有更多的故事。

毕竟只要持续行动、刻意学习，我们就一定能相逢在高处，共赏人生壮阔美景。

这本书讲什么？

迄今为止，我已经出版了两本书，第一本叫《刻意学习》，第二本叫《持续行动》，由于两本书的名字结构都是四字偏正结构，经常有读者记错，说成《持续学习》或《刻意行动》。于是，我一度想将这本书命名为《持续学习》，第四本书叫《刻意行动》，这样就"一家人整整齐齐"，不管你记成啥样，不管怎么排列组合，反正搜到的都是我的书，错不了。

不过我发现，这样的操作也可能存在一个问题，等四本书凑齐后，可能读者更分不清"四大金刚"了。就像有个爸爸给四胞胎洗澡，一不小心给同一个孩子洗了四遍。经过出版社编辑老师们的反复讨论与斟酌，最终本书以《学习的学问》这一全新书名与大家见面。

《学习的学问》主要讨论学习的全生命周期管理，但是相信你仍然可以在书中看到"持续学习"的灵魂贯穿始终，毕竟我最初真的是以这个书名来策划本书结构和篇目的。我们从开始学习到最终学会，要穿越什么样的阶段，很多人没有概念。最初我们很容易高估自己，低估学习的复杂性，认为通过几天突击就能学会学好，毕竟有些人当年读书考试的时候就是这么突击"踩线"过来的。另一个极端是低估自己，高估学习的难度，会认为自己什么都学不会，于是不少人会唯唯诺诺，不敢想、不敢做，等年纪大了，工作时间长了，就再也不愿意学习了。这两种心态，要么过于激进，要么过于保守。我们应该用"持续学习"的态度，找到正确的行动节奏，让学习伴我们终身。

而这就意味着我们要做好几个方面的工作。首先我们要调整学习的态度，打开学习的视野，站在持续学习一百年的视角来看待学习，这是本书第一章主要讨论的话题。

在我们重新建立了关于学习的认知之后，就可以进入学习的规划阶段，考虑到底要学什么，要做什么准备，这是本书第二章的内容，即具体讨论做计划的基本技巧，以及学习上可能用到的工具。

完成规划之后，我们进入具体的学习执行阶段。到底要怎么学，先做什么后做什么，我们的脑海里需要有概念的积累。学习这件事情，只有你开始做了，才会发现别有洞天。当你真正进入学习阶段，就会发现好玩的事情太多了，而这些体会通过文字来描述，也只是"挂一漏万"。希望大家能够身体力行，尝一尝"梨子的味道"。

在学习过程中，还有一个重要的工作，就是监控自己的学习状态。很多人走着走着就迷失了，遇到困难就放弃了。在学习过程中，我们要对自己的状态进行监控，如果方向出现偏离，就要及时调整，这是本书第四章的内容。

最后，学习的关键在于应用。学了之后，要看一看自己有没有学会，能不能应用，这是本书最后一章的内容。学会的标志在于，能不能用学习成果指导自己的认知与实践，从而让自己发生变化。

从最开始的认知调整，到规划、执行与监控，再到学习的应用，这样一个周期结束之后，我们就走完了从"会学"到"学会"的过程。接下来，我们就可以进入一个新的周期，从头开始学习新的知识。把这个过程周而复始地持续下去，一年又一年，学习会带给我们非常大的变化。我自己就是这样一个周期接着一个周期走过来的。

最后，希望这本书能伴你开启持续学习的道路，从会学到学会，最终能看见、能抓住、能成长！

——Scalers
《持续行动》《刻意学习》作者

第一章

打开学习的视野

> 学习是一件非常好玩的事情，如果你没有感受到学习的乐趣，那么你可能没有真正了解学习。不管你以前怎么看待学习，当你打开这本书的时候，请再给学习一次机会。
>
> 持续学习是百年大计，不管是多大的困难、多棘手的挑战，打开我们的视野，拓宽我们的思维，用百年视角看问题，问题都可以迎刃而解。

持续学习，百年大计

在《百岁人生》[1]这本书中，作者提出了这样一个观点。

> 随着科技的发展与社会的进步，我们会越来越长寿，活到一百岁的概率大大增加。但目前现有的人类经验以及制度设定，并没有考虑到这些情况。在人类平均寿命相对较短的过去，一个人可以依靠二十多岁时掌握的知识和技能谋生，一直用到退休。假如要活一百年，时间长、变化多：养老金可能不够用，技能可能跟不上时代，退休年龄可能要延迟，人生的角色会增加……如果没有提前做好准备，长寿不会成为天赐的礼物，反而会成为诅咒。应付百无聊赖的人生，不是奖赏，而是酷刑。我们要拥抱这个变化，为百岁人生做好准备。

---

1 《百岁人生》，[英]琳达·格拉顿（Lynda Gratton），[英]安德鲁·斯科特（Andrew Scott），中信出版集团于 2018 年出版。

这给了我们一个重要启发：既然我们将面对百岁人生，那就意味着很多重要的事情将与我们长时间相伴，无法对其视而不见。原来以为是一阵子，其实是一辈子；原来以为最多十几年，其实是一百年。那些"将就一下""凑合凑合就过去了"的说法不再成立，毕竟我们要活一百年，如果一直将就，想想就难受。而在一百年的前提下，不得不谈的一个话题，就是我们既爱又恨的"学习"了。

再给学习一次机会

虽然百年大计的图景波澜壮阔，但你可能并不爱学习，毕竟学习不是轻松的事情，但是我们又深知学习非常重要。对学习，我们就是这样又爱又恨，感情复杂。

（1）有些人不想学习，但是却希望自己的孩子爱学习。

有些人对于自己的学习，极度"吝啬"，能省就省，能逃则逃，能凑合就凑合。

——小时候我们会贪玩，寒暑假作业留到最后冲刺，边写边盼着自己长大，以为长大后就不用学习了。

——熬过高考进入大学，有人放浪形骸，乐享人生，青春快乐，考前通宵突击，边预习边复习，"六十分万岁，多一分浪费"。

——本科毕业后不好找工作，上了班觉得没前途，又想考研回校园。"二战""三战"[1]考上研，熬两三年又毕业，终于进了"舒服的单位"。

——"躺平"工作十几载，恰逢中年危机，收入上不去，压力下不来，于是不得不开始重新学习，谋求转行。

回顾过去，有些人在学习上，是被动挨打、逼上梁山，却从来不会想下先手棋、未雨绸缪。有些人不愿意多为学习花半点儿脑力和体力，倘若主动出击，把这般节俭的精神放在生活中，想必早就发家致富了。

有趣的是，不少人对于别人——尤其是孩子，态度截然相反：能花钱就不投入时间，能多花钱绝不少花，能找老师当家教就不陪伴树榜样。

孔子说："己所不欲，勿施于人。"但是在学习上，许多人成为玩弄"双重标准"的高手，自己万般不愿意学习，但给孩子报课积极性极高。但是如果父母只是嘴上说要学习，没有以身作则，哪怕花钱花得再多再痛快，在言传身教、耳濡目染下，孩子能热爱学习吗？成为父母，已成了很多成年人"不学习""玩双标"的"挡箭牌"。

以前我们可能会认为，学习是一阵子的事情，熬一熬就过去了。但假如我们活到一百岁，那是不是要煎熬一百年？

---

1 "二战""三战"是指第二次、第三次参加研究生入学考试，即"考研"。

（2）我们可能羡慕会学能学的人，却感觉自己没有心力学好。

说到学习，一些人的第一反应就是，"哎呀，我不行"。他们怕数学、怕物理、怕考试、怕学不会……但是一些成年人每次看到学习能力很强的人，又想像他们一样，甚至去付费学习。

成年人对学习的恐惧，多是来自儿时求学的经历。这又分成两大因素：家庭和学校。在家庭中，家长的引导会决定孩子对待学习的态度。家长若抵触学习，就会让一些孩子觉得学习是在帮家长还债。如果家长摆出一种"我做这么多牺牲都是为了你的学习"的姿态，那么孩子也会产生"我这么努力学习，还不是为了让你开心"的心态，双方都在成全对方，委屈自己，最后家长和孩子都不开心。而家长如果能持续学习、身体力行，孩子就会觉得，学习是生活中必不可少的一部分，我就是要学习的，而且会主动向爸爸妈妈学习。

另外，家长在孩子学习遇到挫折时的反应，会对孩子学习的信心有不同的影响。如果家长能够耐心鼓励孩子，尤其是在孩子学习成绩不好的时候也不轻易变脸，不随口打压，那么孩子一旦走出困境，自信心就会倍增，从而进入正循环。如果家长习惯于数落、挖苦孩子，孩子很容易产生逆反行为，也容易自信心不足。更关键的是，家长自己遇到学习困难的时候是什么反应，孩子会看在眼里、记在心里，并且依照执行。

在学校，教材的好坏、班级的氛围以及老师的引领都很重要。教材内容的设置会决定孩子的兴趣，有的教材对知识点的讲解不容易让人理解，增加了学习的难度，尤其是在孩子认知能力正在发展健全的时候；班级的氛围会影响孩子的持续行动，如果大家都积极向上、共同进步，那么孩子的潜力会被激发出来；老师的引领可以打开孩子的知识格局，能够让孩子知道现在所看到的并不是全部，会增强孩子学习的动力，不会轻易自满。

儿时的学习经历对个体成年后对待学习的态度，有直接的影响。坏影响的威力往往比好影响的更大，一次坏影响可能要十次好影响才能修正过来。最终的表现是，我们怕数学、怕物理、怕考试……最后泛化成怕学习，怕一切需要思考与钻研的事情，怕一切需要承受学习压力的事情。假如你现在对学习仍然存有偏见，这不怪你，只怪你以前没有遇到好老师、好家长、好同学。这样说是不是听着舒服一些？

但是，一旦把这些问题说破，作为成年人，就不要再拿它们当挡箭牌了。在你没读到本书以前，可以沉迷于过去，说自己当年有多惨，所以今天才变成这样。但是如果你看到这本书，读了这本书的内容，就不要再这样想了。**已经不能重来的过去，是我们命运的一部分，是沉没成本，没有必要纠缠其中。**

"悟已往之不谏，知来者之可追。"回顾过去是为了认清当下，以更好地展望未来。那些我们害怕的东西，真的就那么可怕吗？真的就完全学不会吗？凭什么别人能做到的，我就做不到？别人一年能做到一百分，那我一年做到十分，十年做到一百分就不行吗？

还要持续学习一百年呢，有什么不能改变的？学一百年都学不会吗？我不相信。

小时候害怕学习，害怕面对家长殷切的期望，害怕面对同学的询问，害怕老师凌厉的目光，害怕一个不勤奋的自己，害怕让爱自己的人失望。但是长大以后，为什么还要怕呢？该失望的早就失望过了，担心的事情也都"如愿以偿"地发生了，当年比你更会学习的同学早已过上了更好的生活，还有什么好怕的呢？

假如要持续学习一百年，那些我们逃避一时的问题，最终还是要明晃晃地出现在眼前，逼视着我们。

——以前会想，反正也就是学十几年，应付一下就过去了。现在要学一百年，应付一下的话，一生就过去了。

——以前会想，熬到工作以后就不用再学习了，现在的情况是，时代变化太快，人工智能时代已经到来，不学习，今后连工作都没有了。

——以前会想，我已经学不动了，让我的孩子学习，我来支援"火力"就行，现在的情况是，连退休都要延迟了，还有什么理由不学习呢？

假如要持续学习一百年，就必须尽早解决曾经害怕的问题，提前面对要面对的恐惧。否则，我们要怕的就不是一阵子，而是一辈子。至少，我们不应该做学习的"百年逃犯"。

再退一步说，工作以后，大部分人是不需要考试的，也少有一考定终身的压力。我们的终身其实是在每一天的持续行动中慢慢成形的。成年人真正要面对的考试遍布在生活中，每时每刻都在进行：想赚钱赚不到，天天加班没未来，人到中年晋升无望，体力脑力逐年下降，家庭的开支持续增加，孩子不如同事家的有出息，房子没有朋友家的大……哪一个不比考试要难？哪一个不比学习更可怕？当年的噩梦消散了，当年的恐惧不见了，现在，欢迎来到更恐怖的成人真实世界。

别怕学习！曾经的考试已经不见了！再给学习一次机会，因为更大的挑战还在前方。

唯有学习才能破局

如果你考研时的数学成绩是 39 分（满分 150 分），你认为自己是否应该转行，告别数学？或者考一个永远不需要用到数学的专业？如果你的博士学位读了 7 年还没毕业，你觉得自己还适合做科研吗，能当教授吗？

如果我告诉你，有个人两次考研失败，数学、物理两科都考了 39 分，博士学位读了 7 年才毕业，你觉得他的学术生涯，还有希望吗？

如果我告诉你，就是这样一个人，在第三次考研成功的 10 年后（35 岁）当上教授，然后又在 7 年后（42 岁）成为中国科学院院士，你是否觉得我在骗你？

如果我继续告诉你，这个人又在 8 年后（50 岁）带领团队在国际上首次实现了量子反常霍尔效应，攻克了世界难题，该成果被诺贝尔奖得主杨振宁先生评为中国人首次得到的诺贝尔级别的科研成果，并荣获国家自然科学奖一等奖。之后，此人还成为清华大学副校长、南方科技大学校长，你是否相信这样的故事呢？

这个故事的主角是薛其坤教授。薛教授被称作"711 教授"，这不是指薛教授是"便利店教授"，而是指他连续 20 多年，每天早上 7 点进实验室，一直工作到晚上 11 点。"711 教授"的工作强度可比现在互联网公司的"996"[1]大多了，但是也正是因为这样高强度的持续的科研投入，才能产生领先于世界的工作成果。

我最早知道薛其坤教授，是在大学期间去拜访朋友时。朋友刚刚参加完清华大学物理系的博士研究生保送面试，一见面，他就马上问我："你信不信，我在清华物理系遇到一位院士给我们开欢迎会，他说自己考研考了三次才考上！"

薛其坤教授的例子，是"学习改变命运"的最好例证。我一直相信，如果你去学，就能够改变人生，不管你认为自己多么差劲、多么不如意。只要你能够持续学习，一定会有不一样的结果。

也许我们奋斗一生，也不能达到薛其坤教授的高度，但是假如你对自己现在的生活不满意，不愿意忍受与凑合，那么你完全可以通过持续学习来改变自己的生活轨迹。不过要清楚的是，这个过程不是一两年的事情，而是三五年、十几年甚至几十年

---

1 指每天早上 9 点至晚上 9 点，一周工作 6 天的工作制度。

的事情。如果你希望十年后与现在相比有很大的不同，那么从现在开始学习，就是你应该做的事情。十年不算很长的时间，你想想 2010 年，都已经是十多年前了。我们的持续学习，可是百年大计！

学习是普通人突破圈层、改变命运的"捷径"。现在有些媒体经常谈论"圈层固化"的问题，他们认为圈层中先发展的人积累了社会资源和资本，并利用这些积累强化自己的优势，让后进者没有机会取得同样的成果。每当人们聊到这种情况时，总是消极情绪泛起，绝望至极。

天无绝人之路，破局就靠学习。

从小到大，如果你会学习，不仅省心，还省钱。小升初，初升高，可以省掉择校费，甚至还能被最好的学校"点招"进去，连买学区房的钱都省了。如果一个小区的孩子都会学习，那么也许连小区的房价都会上涨。如果你会学，到了大学，拿奖学金更是家常便饭，不用做兼职也能赚钱。大学毕业，学习成绩好，近了说可以直接保送研究生，连考研的准备都省了，远了说可以提前敲定工作，免去求职奔波。

现在的商业竞争是团队竞争。圈层可能会固化，但是团队永远需要优秀的人，这样才能打赢商业战争。全国各地、各行各业都希望吸纳优秀人才。哪个城市人才流入多，哪个城市发展就有活力；哪个地区人才流出多，哪个地区经济就发展不起来。企业的竞争就是招募优秀人才的竞争。抢夺优秀人才的战斗枪声，最早是在大学校园打响的。

学习是让你成为优秀人才的重要方式，学习就是拓宽你人生发展的绿色通道。学习这件事情，在圈层固化的背景下，是非常公平且不拥挤的一条道路。只要你能学习，就能抄近道，只要你能学习，就能避免很多没有必要经历的人生惨剧。

当你越是感到"圈层固化"，越是感到"无法追赶"时，越要在学习上多下功夫。通过学习，可以让你走在前沿，而越是靠近前沿，越有机会实现赶超，因为只有在新兴领域，新旧势力都没有长出牢固的爪牙，参与者也不会有太多既得利益，此时不确定性最大，可能性也最大。当我们没有什么可以失去的时候，往往也是机会最大的时候，而要抓住这样的机会，只有学习。学习能让我们的认知和行动站到最前沿，能让我们享受到发展红利。

如果你想真正改变自己，不要去钻研过多"逆袭"的技巧，不要贪图一时风口带来的巨变，这些更像是可遇不可求的时代馈赠。要多在学习上下功夫，学习带来的改变是缓慢的，但是经过长期积累，效果却是显著的、牢固的。有了学习的内功，再加上时代给予的放大效应，才有乘风而起的可能。

持续学习永远没有完成时

初学者一般会陷入两种极端的学习状态：要么万念俱灰，觉得对什么都没兴趣，没有必要学习；要么浑身是胆，觉得自己对什么都有兴趣，什么都想学。于是他们被这两种极端想法搞得非常焦虑。这就是不学习的代价。正是因为不学习，不了解学习的实际情况，不知道学习的代价，才会产生不靠谱的想法，就像小时候因"到底要上北大还是清华"而纠结不已。

选择持续学习，其实是选择一种生活态度。人的生命是有限的，而全人类的知识文明和智慧是无限的。用有限的生命去丈量无限的知识，特别容易感到绝望——什么时候是个头儿啊？即使要持续学习一百年，我们也不能学完所有想要学的知识。随着学习的深入，我们的想法会不断发生改变，我们的欲望会增加，会给自己设立更高的目标，想要做更多的事情。

在学习初期要习惯于"未满足"状态和"进行时"心态。不管想要学多少知识，必须现在就开始，只要开始着手，就有机会不断接近目标。当离目标足够近的时候，可能会产生新的目标，但是没关系，我们已经在不断提升了。这是所有学习者需要有的学习心态，把握好这个心态，就不容易焦虑。

有些学习者会有追求完美的问题，他们认为自己目前不具备较好的学习条件，需要等到客观条件都具备的时候才能开始学习。犯这样的错误，就是过于低估完美的代价了。做到完美是一件相当难的事情，几乎不可能。完美就像真空中的球形鸡一样。你找不到这样一只鸡，也不要等到这样的鸡出现你再行动。

所以有些人拿追求完美当不学习的借口，也是缺乏学习驱动力的体现，完美的代价相当高昂，以至于我们根本无法追求完美、达到完美。相反，我们在学习中要拥抱错误，在错误中进步，在错误中成长，在错误中接受错误，在错误中减少错误。只有习惯于与错误相伴，学习的问题与困扰才能从根本上得到解决，甚至可以说，学习就是从错误堆里走出来。如果你看到我一直在学习，你会发现我可能大部分时间都在犯错，只有极少数的时候做对了，然后上了一个新台阶，于是接着犯错误，接着上台阶，循环往复。

所以学习的正确做法就是，如果你想学什么，你就开始学、马上学，当你学不动了，感到困难了，反思自己是不是摊子铺得太大，目标追求得过高，或者行动不到位。然后，适当调整和收缩战略，找到一个突破口，搞定一件事情。当有了突破口以后，你再把精力集中到这个突破口上，进入一个正循环，上到一个新阶段。回头看，你会发现自己比之前已经有所进步。

如果你不这么干，就会回到本书开篇所说的困境里，一方面觉得自己什么都干不了，一方面又觉得自己什么都想干。这种矛盾的心态，对身心的伤害非常大，会让我们心不静神不宁、自我怀疑，而如果长期处于这样的状态，生活与事业也往往难以顺心。

学习的本事，是"长"出来的

我写这本书的初心，是想梳理一下这些年与社群成员共同行动和学习的心得体会，也希望能帮助一些读者在学习上有所提升——从"会学"到"学会"。在这里，"会学"是指愿意投入学习的过程，而"学会"是指能通过投入学习，最终掌握所学，拿到结果。不过学习能力的提升，光是看一本书，能起的作用是有限的。

虽然我希望看到一些"读了这本书茅塞顿开、功力大涨"的读者的反馈，但是我知道这些感觉更多的是"一时的冲动"，甚至是"幻觉"。更有可能的情况是，你看完这本书感觉良好，然后合上书，回到生活中，一切又变成原来的样子。

在学习上，人的忘性真的很大。尤其是成年以后，大多数人吸收新知识并且将知识转化为新本领的能力是不断退化的，但是人的欲望却是持续增长的，中间的差距往往通过"花钱买感觉体验"来弥补。很多人会一直想学习、想进步，但是却无法实现，他们"永远在路上"。回想一下过去三五年，如果你想过要学什么，但是却一直没有学会，那你可能已经掉进学习的陷阱了。

我运营公众号、社群已经有七年时间，这七年里我观察到一些奇怪的现象。有的人在我刚刚开始运营公众号的时候，在努力学英语，向我咨询如何学习英语；七年后，他们仍然在努力学英语，还在向我咨询如何学习英语，但是英语水平并没有提升多少，问的也还是原来的问题，这是很不正常的。如果给一位高中毕业生七年时间，他会成长为一名优秀的研究生；如果给一位应届毕业生七年时间，他会成长为行业中坚。

在学习的道路上，我们每个人都是孤独的。那些你不会的知识，仍然要独自一人下功夫去学会。即使你有要好的学伴、贴心的老师，但是仍然代替不了你自己去学会。那些你学不会的，如果你不去学，就永远都不会。

学习的本事，是从头脑里"生长"出来的。如果你的头脑里从来没有"生长"出新的想法，形成新的本事，只有别人塞给你的想法，那你根本就是未曾学习，只是积累了吹牛的谈资。你的大脑就像仓库，里面杂乱地放着各种东西，但却没有任何生机。你学得再多，也只是往仓库里塞填充物而已，除自我感动以外，都是徒劳，并不会让你的生活出现半点改变。而且你还花了很多时间在苦哈哈地"学习"，连玩都没有时间，会不会觉得特别亏？

既然在学习上花了时间，就要向自己要学习的成果。怎么个要法？学习不要被动地做输入，不要只是光看不想，学习要主动问自己：

> 学的这些内容到底在讲什么？要如何理解？要怎么应用？与其他知识有什么关联？

这些问题即使一时没有明确的答案，也仍然要持续问自己，当问的次数多了以后，你对学习的敏锐度就会逐渐提升，就不会学着学着也不知道自己在做什么，也就不容易掉入学习的陷阱里了。

学习就像吃饭，到点就要学

学习就像吃饭。饭，每天都要吃，习，每天都要学。一日三餐，到点就吃。每天学习，到点也要学。有些人的生活是吃完一顿盼着下一顿，学习也可以学完一轮盼着下一轮。你的学习饭点，是什么时候？

学习就像吃饭。吃饱了就要停下来，因为再吃下去就要吃伤了身体，但是过了几小时你就又饿了，还要接着吃。学习也一样，学一会儿如果学不进去了，那就歇一会儿，到了下一个学习节点，你又可以学了，那就继续学！

学习就像吃饭。能不能吃一顿管一天？能不能吃一天管一周？吃饭不能搞突击，不要指望一次吃饱然后就再也不用吃了。学习也一样，不要想一劳永逸，要把学习的任务平摊到每一天，这样每天学一点，每天学一点，健康又快乐。

学习就像吃饭。吃饭是我们与生俱来的本能，学习为什么不可以是呢？别忘了，我们要持续学习一百年。吃饭不用别人教，你自己就会吃。你可以学一些吃饭的礼仪，比如，不要"吧唧嘴"，如何用刀叉，知道怎么吃海鲜。学习也一样，你要相信自己天生就会学，最多看一下别人是怎么做的，然后把对自己有用的做法迁移过来。

学习就像吃饭。吃饭分场面，有单份快餐，有商务宴请，有招待晚宴，有街边撸串。不管什么场面，不管在哪里，都要能驾驭得住，享受得了。学习也一样，要大部头能啃、畅销书会看、论文知道找、报告也能读，博采众长，融会贯通。

学习就像吃饭。饭菜，要形式多样，前菜主菜、甜点水果，一样也不能少。要营养搭配，蛋白质、维生素、水、矿物质，都要有。学习也一样，不同的科目、不同类型的材料可以交叉并进，"文科"学累了可以学"理科"，"理科"学累了可以做实验，变换内容，锻炼大脑的不同区域，总有一种学法适合你。

学习就像吃饭。民以食为天，吃既是生存的基础，也是一种社交仪式。学习也一样，学习让我们获得安身立命的本领，同时也是一种社交方式，让我们结识靠谱的好友。

学习就像吃饭。中国地大物博，全国各地好吃的很多。有生之年，一定要多走走，多感受，多品尝不同区域的美食。学习也一样。各个国家、各个时代、各个领域都有极其睿智之人，这些美味的精神食粮，你就不想尝一尝？

学习就像吃饭。饭好不好吃，你的身体是诚实的，自有评判，不需要别人教。曾经有家网红餐厅的饭菜明明不好吃，店主却大言不惭地说："你们的味蕾太低端，这是高端食品的味道，必须是好吃的。"最后这家店倒闭了。不好吃就是不好吃，真的假不了，假的真不了。学习也一样，学会了就是学会了，不看你有没有教会别人，而看你有没有掌握、能不能应用，要对自己诚实，心里有数。

学习就像吃饭。没有吃饱怎么办？再接着吃。第一口吃下去没有吃饱怎么办？再吃一口。现在经济条件好了，不用担心吃不饱的问题，只要持续吃，就能吃饱。学习也一样，在信息化时代，我们不用为寻找学习材料发愁，只要持续学，就一定能学到知识。

学习就像吃饭。食品安全很重要，过期发霉的食品坚决不能吃，高油高盐不健康的食品即使很香，也要少吃，病从口入，要做好管控。学习也一样，有些错误的理念要坚决抵制，有些迎合偏见的观点要审慎分析，话不是押韵了就是对的，也不是听着舒服就正确。进入大脑的观点，比进入身体的食物，要有更严格的要求。

学习就像吃饭。有时候我们胃肠功能不好，吃下去不消化，上吐下泻，身体难受。这时候，有病就得赶紧治病，休息调理，但这不代表以后就放弃吃饭了。学习也一样，持续学习，总有学不进去的时候。这时候，该休整休整，该调节调节，等到调理好了，赶紧扶自己起来，继续学！

别忘了，我们要持续吃饭一百年，也要持续学习一百年！

钱赚得越多，越要持续学习

有人说，我不学习也能赚钱，所以学习没用。

有人说，读书多、学习好的人，出来也是给初中学历的人打工的，学习没用。

这些话，其实正好说明了学习的重要性。只有不持续学习的人，才会自信到天上去。而更可怕的是，他们居然会觉得自己能赚到很多钱。

对于学习，最好的策略就是"诚实"，会就是会，不会就是不会。勇敢地认清自己的问题，才有进步的可能。当我们说，"学习没用，不如赚钱"的时候，到底是因为学不好才这样说，还是因为真的认为学习一点儿用都没有？

如果是前者，那就是"吃不到葡萄说葡萄酸"的心理，我的建议是"实事求是做人，不要装"。如果是后者，那是不是要考虑一下，既然学习不重要，那就没有必要让自己的孩子多读书，在完成了九年义务教育，长大成人后，出去打工就可以？

到底哪个是对的，就看一些所谓的"不学习的有钱人"到底是怎么对待自己的孩子的。如果真的像他们说的那样，认为学习没有用的话，就不会让自己的孩子学习，直接接手自己"赚钱的事业"就好了。但是现实往往是，越是早年没有读到书的"有钱人"，越重视自己孩子的学习，甚至还不惜代价把孩子送到国外去学习。

学区房为什么越来越贵，就是因为有钱人在用他们擅长的方式，给孩子创造他们认为的最好的学习条件。而恰恰是给孩子买学区房的人太多，引来了投机行为，带来了市场风险，最终国家出手进行宏观调控。"虎毒不食子"，一个人到底相信什么，可以从他对待自己孩子的方式中看出来，而不要被某些媒体的言论所迷惑。

学习的初级阶段可能是读书、做作业、考试答题得分，这些是我们从小到大做的事情。但是学习的内涵远不止于此，还包括：了解自己；认识我们所处的环境与变化趋势；吸收前人的知识；应用各种工具解决问题，最终实现目标。这些学习能力贯穿人的一生，在不同的人生阶段，时刻都需要用到。别忘了，我们要持续学习一百年，要通过学习持续打磨一百年。

如果你要升职，你必须持续学习。不仅仅是学习业务知识、搞定基本操作，还要学习公司战略，学习团结与领导他人实现目标，学习领会精神、落实工作，学会总结复盘、调整方向，这样才能在企业组织中发挥重要的作用。

如果你要赚钱，你必须持续学习。你要学习你的行业知识，学习客户知识、了解用户需求，学习同行的理念与做法，要与不同的人见面并交流，保持信息通畅，既要低头赶路，又要抬头看路，这样才能持续赚钱，持续增长。

如果你要创业，你必须持续学习。你要学习创业的基本知识、创业的关键要点，要学习怎么搭建团队，如何分配股权，如何描绘愿景、制定战略，学习合规经营。你还要向你的竞争对手学习，学习其他行业的发展，学习如何应对政策的变化、社会舆论的影响。只有这样，才能让你的事业蓬勃发展。

如果你退休了，你也要持续学习。你要学习如何调整心态，过好退休生活；学习社会的新发展动态；学习与年轻人沟通的新方式；学习如何打破自己的经验主义，在心态上保持年轻；学习如何妥善处理好遗产分配问题，实现家庭财富的平稳过渡。

持续学习是百年大计。面向未来，科技的发展、信息的通达、交通的便捷，会让人与人、人与物、物与物更充分地连接，这意味着迭代周期加速，而人们也更容易对此焦虑不安。焦躁情绪产生的根源是不了解事物的发展规律，看待任何事物都浮于表面，于是容易困惑。持续学习是破解焦虑、获得安宁的重要方式。

以前，长辈们总会说，好好学习，找个安稳的工作，度过一生。假如你开始学习、持续学习，打开认知视野后你会发现，如果只是找一份安稳的工作，之后什么也不学，什么也不做，等待慢慢变老，这样的生活潜藏着很大的风险，这样的人生也最遗憾，就像蜉蝣朝生暮死，虽然来过，但也错过。

打开学习视野,更新学习认知,以百年大计的格局看待学习。学习是处理我们与世界关系的重要方式,不管是在社会上,还是在学校里,更新自己、迭代认知、落地实践,这才是真正的学习,是学习本来的面貌。到了这个阶段,你的学习已经不再需要别人给你打分了。你的生活状态、你的收入情况、你的社会地位就是学习的综合成绩单。

第二章

做好学习前的充足准备

学习前要做准备工作,这就是制订学习计划。学习新手上路,计划不用过于详细,如果对自己不了解,即便计划很详细,也不具备可行性。

计划离不开目标,到底要学什么,也是很重要的问题。当确定了目标、明确了计划以后,需要投入资源来完成。这里很重要的一条,就是花时间。对于学习新手而言,时间投入越多越好。

初学者的谎言：
通过做计划提高执行力

做计划的目的是什么？是完成计划。计划是用来完成的。把这句话拆开，包括以下几个方面。

（1）如果在做计划的时候就知道这个计划完不成，那就不要做计划。

（2）如果你完成了计划，马上做下一个计划，下一个计划要比上一个计划稍微难一点，最好是要"跳起来摘果子"。[1]

---

[1] 来自 2020 年国家最高科学技术奖得主王大中院士在《院士思维》第 36 页的自述：搞科学研究，就是要鼓励大家跳起来摘果子。这实际上是一个带有哲理性的科研指导思想。搞科研与做任何事情一样，一定要掌握好"度"。伸手就摘得到的果子，早就让人家摘走了；跳起来也摘不到的果子，只能烂在树上。而"跳起来摘得着"，是一个适度的高标准。搞科研总是要想方设法使自己跳得高一些，再高一些。达到了一个高度，又瞄着新的高度。这种"跳起来摘果子"的思维方法能把大胆创新与科学求实精神结合起来，既要思想积极又要行动稳妥，适度地把握起跳时间和找到适宜的方向方位，才能摘得果子。

（3）如果你在做计划时，的确做过测算和分析，认为自己能完成，但最终没有完成，那就要认真复盘这次计划和执行中是否存在盲点，在下一次做计划的时候进行调整。

计划是要完成的，不是用来"晒"的

一定要记住，计划不是用来"晒"的，计划是用来完成的。我们在做计划时容易放飞自我，沉迷在"我要变得优秀了"的幻象中不能自拔，然后计划越做越多，最终完成不了。

一定要克制，计划是用来完成的，完成计划要比做计划痛苦十倍甚至百倍。如果你觉得自己不能完成，就不要做计划。我们在行动力不强的时候，不要指望通过"做计划"这个动作来让自己完成更多的工作，计划未必会提升我们的执行力。当然，当我们有稳定的计划完成能力的时候，可以给自己设定激进的计划，激发自己努力完成。

初学者一定要放弃"通过做计划提高执行力"的想法。如果一个人平常不做计划，当他开始做学习计划的时候，一般情况下学习计划都是不准确的，而且十有八九高估自己，毕竟人都是有些自恋的：我怎么可以让自己的计划显得那么"菜"？于是为了所谓的"形象"，不知不觉地给自己做了看上去很厉害但是实际上完不成的计划。

当你准备做学习计划的时候，不要试图一次就把所有的计划都做出来，这样做出来的计划往往是有问题的，因为你看不准，尤其是准备参加重要考试，例如考研、考博、考资格证书时。请你停止尝试在一开始就做一个完备而又周全的计划，因为如果你平常不做计划，你是无法突然做出一个好计划的。

用渐进明细的方式做计划

正确的做计划的方式是，先按天的节奏，每天完成一个小目标，之后慢慢加载。先做小计划，然后完成小计划，积累第一次成功经验；再把小计划变成大计划、短计划变成长计划，每次都增加一点，循序渐进，这样做计划的能力、完成计划的能力才可以不断提升。在这个由小胜到大胜再到持续胜利的过程中，不断增强信心，对自我的评价也会越来越积极。

这就是项目管理里面的"渐进明细"的思想。"渐进明细"的意思是，在项目的推进过程中，随着信息越来越充分、越来越详细，评估也会越来越准确，也就越能做出自己能完成的计划。

如果你现在准备考研，还有一年的时间，先不用纠结这一年的时间表，只规划一天的时间，先看十页考研的专业书，连续三天完成日计划。在第三天末，马上再做一个三天计划，就是再完成一个更大的任务，比如研究考纲，然后完成这个计划，实现自我肯定。接下来，你再做周计划，比如花一个星期完成基础科目大纲的学习，再把目标实现。之后再做月计划，用一个月的时间去完成该计划，比如英语单词的复习……通过不停地完成计划，并且同步提升计划的难度，你的信心会越来越足，判断力也会越来越强，而且行动力会被激发出来，抗压能力、学习能力也能够循序渐进地提升。这时候你再做长达一年的计划，就会比较靠谱了。于是，随着你的行动的"渐进"，你的计划能够越来越"明细"。

这里还有一个小细节，就是在本节开始提到的，**当你成功完成了一个计划，在做下一个计划的时候，下一个计划要比上一个计划稍微难一点，不管是计划的时间长度，还是任务本身的困难程度。**毕竟，当我们想着一定要做一个确保能完成的计划时，有可能会低估自己，做出过于简单的计划，"故意放水"总是完成过于简单的计划也不利于进步，做着做着就会觉得没意思，于是不了了之。因此，最好的操作方案是每当我们完成一个计划时，就对下一个计划的难度稍微提高一些，至于每一次提高的幅度有多少，可以根据自己的情况来设置，比如每次提高 5%～10%的难度，如果自认为水平很高，可以每次提高 20%的难度。

在提升做计划的能力的过程中，成就感是非常有必要的。成就感就是对自己判断的确认，就是说到做到。要把每一次对计划的完成当成一次正确的信号，说明自己之前做对了一些事情，而把每一次计划未能完成的情况，当成是一次警告，说明出现了盲点或者疏漏，或者遇到了未预料到的事情。注意，我这里说的成就感，来自"言行一致"，来自说到做到，这是一种内在的肯定，而不是来自朋友圈有多少人给你点赞，你的文章有多少人阅读，这些外在的指标不必追求，容易迷失方向。

在学习不断取得进步的过程中，一定是正确的判断越来越多，错误的判断越来越少，这样才会看得准，计划完成率也会提高。这种做计划的能力是需要我们去练习的。

随着计划从小到大不断迭代，难度从简单到困难持续增加，我们又会遇到一个新的问题：总有一天难度会增加到完成不了的状态，这时候该怎么办？接受错误才能减少错误，接受失败才能减少失败，没有必要因为一次计划没有完成而颓废、懊恼、垂头丧气。我们要从未能完成的计划中积累经验和吸取教训，分析到底是哪些原因让自己没有完成计划：是事情的难度过大、任务过多，还是出现了不可抗因素？是能力不够、准备不足，还是由于自己的情绪波动导致的？已经犯过的错误下一次就不要再犯了，对于突发事件的影响，可以在下一次计划当中适当留出余量。

看明白了这一点，再去看生活中大多数人走的几乎是完全相反的路径。很多人平常像一条"咸鱼"，不做任何事情，每到年底就立一个新年计划，相信自己在新的一年会有所改变。但是因为他们平常没有"做计划"的练习，也没有按天、按周、按月完成计划的经验，一出手就是年度计划，而且还"四大象限、八大模块"横空出世、煞有介事，必然是无法完成的，因为普遍会高估自己的能力。当计划没有完成时，很多人就会选择遗忘计划，而不是用韧性与耐心去重建。只是再重新立一个计划就希望问题得到解决，这是异想天开的事情。

做计划的能力，就像花钱的能力

做计划的能力其实就像花钱的能力。你钱包里有多少钱就能买多贵的商品，而做出好的计划，本质上就是要数清楚自己钱包里到底有多少钱，这些钱包括我们的时间、精力、行动力、状态、客观环境的支持，以及过去多年来的学习情况。

总之，要有信心：不管要学什么，一旦做出了合理的计划，只要每天都坚持做，总是可以完成的，只是时间长短的差异而已。你要读一本书，如果你每天看一两章，半个月就能看完；你要学一门课，每天听一节，一个月就能学完。当你用这个节奏跑起来以后，会发现每年都能学到非常多的新东西。如果不开始做，而是先做一个计划，一次性地把所有的事情都"理清楚了"之后再做，一般什么都得不到，因为你根本理不清楚。只有先跑起来，有了速度，你才知道剩下的路程，需要多长时间到达。

作为持续学习的新手，拥抱不完美，接受错误，先行动再计划，边做边梳理，要比先梳理后做更能让人进步。等你长满了行动力的羽毛，需要协助很多人一起做一件事情，完成共同的目标，实现宏伟的愿景，这时候，你又要把顺序倒过来，先把计划做好，做得很详细很周密，然后执行到位。

构建人生学习蓝图,学到真正的知识

> "我很喜欢学习,但是我不知道学什么,怎么办呢?"

经常有人这么问我。我觉得问这个问题的人,是个"假学习者"。但是为了不打击其积极性,我还是认真回答一下"我们到底应该学什么"的问题,主要分四个方面:专业、人、历史、技术。

先解决生存问题:学好专业,构建完备知识体系

专业立命,学好专业,是个人成长中最基本的任务。我们在社会中生存发展,都要有自己的专业。学习的第一要务是把自己的专业搞清楚。对于在校大学生,优先学好自己的学科专业,成绩最好能排在前列;对于职场人士,要专心于自己从事的行业,站在整个行业的高度,去思考自己的学习。专业是立命的根本,要学好专业,打下坚实的基础。

有人说，我的专业没有发展前途，还有必要去学习吗？我的答案是，有。谁让你选择了这个专业？这是你生命中不可缺少的组成部分。要过好这一关，起码在你的专业里，要把该学的都学会、学好。要想在大学里转专业，只有成绩排名靠前的同学才可以转。一个专业有相对完备的知识结构体系，有不同的知识模块相互关联，有逻辑推导的前后顺序，这一整套知识体系是非常有价值的。学好一个专业的目的是学通学透一个体系。把体系学通之后，再去学其他领域的知识，可以快速借鉴、触类旁通。这个阶段最不应该做的就是边学边纠结所学专业有没有发展前景。如果你没学通，肯定没前景；如果你学通了，即使换专业也会很容易。

在学习专业知识的时候，要以学科带头人的视角来思考自己所学的专业：

这个专业解决了什么社会问题？

对社会贡献了什么价值？是如何做到的？

有哪些核心的组成部分？关键理论与技术包括什么？

不同部分之间的关联是什么？

有哪些解决问题的思路可以用在其他地方？

要采用怎样的顺序来学习？

拔高你的视角，拓宽你的视野，重新思考你的专业，不要总是说不适合自己，不要总是怨天尤人，认真学一学专业知识里前人的思维与智慧，你会收获不同的学习体验。

这里还有很重要的一点，大学里的专业学习，可以说是人生中唯一一次有人愿意手把手教你从零开始进入一个领域的机会。如果你在学习的时候有任何困惑，可以找老师请教，提出你的问题，得到老师的解答。一般情况下，大学老师都会留出答疑时间，即使没有，如果你主动找老师，老师也不会因为你请教问题而拒绝你，而且会倾囊而出。如果你在大学里像一块海绵一样勤奋努力地吸收知识，那么老师会在你个人成长的道路上，为你添砖加瓦。在大学学习专业知识的时候，如果你愿意放开来学，是没有上限和天花板的，即使老师一时解决不了你的问题，过后也会找更多资源来帮助你。只要你真正求知若渴，根本不用担心别人的打压。你甚至可以直接去敲教授办公室的门请教问题，而不用担心别人的拒绝或对你的评价，年轻、好学就能让你无所畏惧。

但是走出校园，进入社会，进入职场，情况就会复杂很多。每天的工作，也许就是一些重复性劳动，但时间全部被占满，你没有太多时间做其他的事情。你想学点新技术，但是没人会从头教你，要么你花很多钱，找到靠谱的人教；要么就是自学成才，但可能会走很多弯路，耽误不少时间。

如果你不知道自己的专业由什么知识模块组成，可以在网络上搜索"专业名+培养方案"，多看几所大学的培养方案，你就知道自己应该学什么了。

学好自己的专业，至少可以让我们先解决生存问题。

持续提升软实力：学习一切关于人的知识

学好专业是为了培养自己解决某个特定领域问题的能力。当一个人具备了这种解决问题的能力时，需要让更多的人知道他有这个能力，需要与他人协作解决越来越复杂的问题。这时候，关于人，以及人和人之间的知识，就是学习的目标。这里会涉及的知识领域有社会学、心理学、传播学、人类学等。

学习关于人的知识，主要是提升对他人的同理心，培养换位思考的能力。当我们成为某个领域的专家时，会在一个特定的方向积累大量的知识，既包括理论知识也包括实战知识，而这种"专精"容易让人进入一种怪圈：我们认为其他人也像我们一样都理解这些看似明显的东西。于是我们说的话会变得高深，他人难以理解、认同与执行。面对这种情况，我们往往不会认为自己有问题，只会认为是其他人的问题，这种理解会进一步增强自我封闭。本来我们应该发挥专业的作用，却在传播和理解上吃了亏。这也叫"知识的诅咒"。

在这个阶段，学习关于人的知识，有助于增强个人软实力。我们不光要知道自己是怎么想的，还要知道别人是怎么想的，知道别人在看待相同问题的时候会有什么反应。我们要了解这些反应的规律，预判这些反应会如何影响事情的发展，更甚一步，我们能够按照规律去干预这些反应，扩大我们的影响力。这样一来，在面对社会问题的时候，就能知道如何从有效的角度解决，而不会事倍功半。

在这方面，很多专业人士的表现并不好。我自己也算半个专业人士，有时候也会有"孤芳自赏"的心态：你理解不了就算了，反正我厉害就行，毕竟找我的人很多，不差你一个。这样想有一个弊端：在市场上往往不会传播你的声音，而那些专业水平并不太高的人为了生存，花了很多时间研究和实践传播，往往会搞出更大的声音，于是市场上更多的人，享受不到你的专业服务。

专业领域的存在，本身是为人类谋福祉。学习关于人的知识，本质上还是培养我们对同胞的关心和关爱。专业人员多学习关于人的知识，建立以人为本的视角，就会有更多的担当，用我们的专业更好地为社会创造价值。一个能够为社会创造价值的专业人员，一个能够为社会贡献价值的持续学习者，才是能够持续发展、持续成长的学习者。

解决更难的问题：在历史知识里寻找智慧

在学习了专业领域的知识，又了解了关于人的知识后，我们还需要学习有关历史的知识。学习历史知识有什么用呢？美国作家马克·吐温说过：

> "历史不会重复自己，但是会押着同样的韵脚。"

人和人的互动，时间拉长，格局放大，在宏观层面上总会呈现出自相似的周期，一轮又一轮，一圈又一圈。

随着学习的进步，在领域里知识的不断积累，我们会变得越来越有影响力，需要解决越来越复杂的问题。对于超大规模的问题，有很多是我们第一次遇到，且从周围的人那里也得不到参考意见，更不要说标准答案了。这时候可以从历史中找找经验教训，看看能否获得智慧和启发。甚至可以说，我们要想在未来走得更好，就应该更好地回顾历史。

历史是智慧的浓缩，历史可以把过去我们没有经历过的事情，以一种高密度的方式呈现给我们。我们要学习行业的历史知识，了解行业前辈在解决早期问题的时候采用了怎样的方法，这有助于为我们面对现在和未来的问题时提供借鉴思路。

我们要了解和学习国家和民族的历史，这可以为我们处理人与人之间的问题提供丰富的依据与参考。人与人的互动构成了社会活动、经济运行、历史变革的重要组成部分。我们要学习世界历史知识，看人类如何应对如新冠肺炎疫情、气候变化等时代重大挑战，也可以扩大我们的格局，胸怀祖国，放眼世界。

通过对历史的学习，一方面可以更好地了解自己、理解专业，另一方面可以让我们更好地看清人类是怎样发展的，这些成就来之不易，我们要倍加珍惜。

全方位理解世界：打通文理知识的隔阂

这些年，我运营社群接触了很多文科生和理科生，我注意到一个现象：很多理科生在工作一段时间以后，会主动学习文科知识；而很多文科生要想学习理科知识就会感到非常困难。

如果我们要持续学习，一定要先解决"文理隔阂"的问题。首先，数理逻辑这件事情在文理领域都是相通的。其次，现代社会是科技社会，科技进步往往来自理科生的胜利。在理科领域，人们通过数学、物理、化学、工程等手段，研发出新的技术，造福人民；而文科生更多的是从人文社会学科的角度来思考问题的意义、价值和方向。只有把文理结合起来，才能更好地提高学习效率，获得对世界全貌的理解。

在大数据时代，海量数据的积累、人工智能的发展会带来许多行业的革新，不管我们在什么行业，都会受到信息浪潮的影响，只有主动拥抱这种技术的变化，才能了解时代发展的方向，与时代共同进步。数字化背后是计算机、电子信息、算法等领域，即便我们不是相关从业者，也要学习和了解它们。毕竟，整个世界都在拥抱数字经济，作为生活在数字时代的人，必要的知识是不能缺少的。

专业、人、历史、技术，把这四个方向梳理出来，就可以简单地描绘出一张人生的学习蓝图了。首先，我们要把自己专业领域中的问题解决好，其次要把关于人的问题解决好，然后要把关于历史发展的过程梳理清楚，最后要建立自己的技术认知来理解时代发展的脉络。

有了这样一张蓝图以后，你会发现把这些问题一个个地解决，一个个地弄懂，花一百年的时间还是值得的，甚至可以说学一百年也许还不够。假如我们真正对这个世界有更深刻的理解，真正对领域知识有所融通的话，那么我们的个人生活不会成为任何问题，因为当我们掌握了规律，并且遵循规律行动的时候，往往最容易成为世人眼中的成功者。

在决定成功与否的所有要素当中，最重要的莫过于持续学习。有了持续学习、持续学会的本领，你会拥有你想要的任何东西。因为当你学习以后，你的想法会变得非常靠谱，不会瞎想，于是总能心想事成。

你想好要学什么了吗？

压倒性投入学习时间

我见过一些精明的学习者,很善于算账。比如他们经常会问我:

> 我想通过口译考试,我花一个月的时间,每天学一小时行不行?如果行,我就考,如果不行,我就不考。

还有人问:

> 我工作十年了,英语零基础,想学商务英语,要学到中级水平,大概要花多长时间?

在回答这些问题之前,我来先谈一谈大家都关心的房子的问题。我写这个章节初稿的时候是在 2021 年年初。那时候北京的房价正在酝酿着一小波上涨,其中一些学区的学区房的价格已经接近 20 万元/平方米。也就是一个 30 多平方米的小房子,大概需要花费 600 多万元才能把它买下来。

现在我们模拟一个实验,假如时光穿越到 10 年前,那时你刚好来到北京,手里有一笔钱,比如有 100 万元,这时候你要做什么事情，才能让这笔钱增值？你是用来投资自己，还是用来买房？如果你要买房，你会投资多少钱在买房上？相信有些人会说，我会把我所有的钱全部投在房地产上，甚至我可以去借钱买房，因为知道房价会上涨。

现在去看过去 10 年房价的上涨，显然，谁都知道穿越回去要买房，这是马后炮。但是站在现在，预测 5 年以后的房价会怎样，还能不能像 10 年前那样快速上涨，我相信很多人在心里都会打一个问号，没有明确的答案。尤其是 2021 年下半年以来，国家对房地产的调控以及对信贷的收紧，会让很多人对未来房价上涨的预期不明确。

看完房价，我们来看看个人的成长。假如学习能够改变我们的命运，包括提高收入，但是这些改变的发生会在 5 年后或者 10 年后，那么现在，你愿意花多少时间在学习上？

如果你对上一个关于房地产问题的回答是尽可能多地投入，那么你关于学习的回答也应该是相同的。也就是说，假如势头向好、持续增长，那么我们在早期就应该多投入。关于学习，我们应该尽可能地多花些时间，甚至就像借钱买房一样，我们要创造条件，腾出更多时间用于学习。

未来 10 年房价涨不涨，这件事情很难说，但是可以确定的是，假如愿意持续学习，未来 10 年我们个人获得重大的突破，几乎是必然的事情。也就是说，我们的个人成长就像十几年前的房价上涨一样，是铁定的趋势。假如这个趋势成立，那么我们在早期就应该加大投入力度，多花时间，甚至要创造条件、加大投入力度，只有这样才能确保在未来有更多的收益。除非你真心认为，学习会让你的人生变得越来越差。只要你相信学习能改变你的命运，那就应该在早期想方设法多投入。对于确定趋势的事情，在早期多投入，这叫战略定力；对于不确定趋势的事情，在早期多投入，这叫投机赌博。

从这个角度来说，我们在学习上应该有一个基本原则：不要吝啬投入学习的时间，学习的时间自然是越长越好。这就是学习出成果的第一性原理。

在绝对力量面前，任何技巧都是苍白的

很多初学者很难接受这样一个观点，他们会找各种角度来反驳。比如效率最重要，状态不好学不进去，人还是要休息。要知道在绝对力量面前，任何技巧都是苍白的。这也是为什么中国很多互联网公司在搞"996"工作制。关于"996"工作制，其实有很多争议，但是"996"从客观上确保了一点，就是由于员工超长时间投入在工作当中，总产出大幅提升。正是因为有那么长时间的"996"，才带来了中国互联网行业的高速发展。我们能够通过手机叫到车，叫到外卖，买到便宜的商品，很大程度上就来自互联网行业的从业者辛勤的工作。这个道理很多人不爱听，但却是实话。不过随着国家政策的调整，实施"996"工作制的公司会越来越少，但是大家的收入也会相应下降。

同样的逻辑，当我们想在学习上获得突破的时候，不要去盘算

要花多少时间才能取得成果，这属于算小账，是讨价还价式的规划，往往不会有好的结果。我们要有一个信念，就是为了这个目标，可以无上限地投入时间和精力，可以不惜一切代价完成。

我们要有这种魄力，而不是像一个非常小气的人一样去斤斤计较，好像多花一点时间学习自己就吃亏了一样，好像少玩耍一小时自己的人生就有苦难一样，这样是很难获得真正的成长的。学习的成效看的是时间的长短，你不这么干，不代表别人不这么干。如果你在后续的竞争中遇到一个在学习上不计较任何投入的人，那么你在他面前简直不堪一击。

学习应该花多少时间？当然是越多越好，这是我的答案。

这个答案似乎有些令人窒息，很多初学者认为学习不是生活的全部，人还是要享受生活的，但是这么想的人往往最终无法享受生活，学习也没有学到位。那些能够全力以赴、全身心投入学习的人，最终能够得到一片休闲安宁，这是一件非常有意思的事情。

学习，从每天锁定一小时开始

说完刚才令人绝望的大原则，现在峰回路转，给大家一条"生路"。在学习上投入时间不计成本、不设上限，并不代表你就应该在当前阶段放弃你所有其他的事情将全部时间用于学习。大多数初学者是管不住自己的，这是一个关于持续行动的问题。[1]每个人的学习，可以从每天锁定一小时开始，也就是说，每天花一小时的时间专门用来学习，这就够了。这一小时不要被任何人打扰，用这一小时去学一门你最想学的或者你最迫切需要学习的知识：读完一本书，学完一门课，完成一次复盘。

首先完成最简单的任务，当你把这个任务完成之后，你的内心状态会发生改变。这时候你会对学习产生好感，会主动自我加压，增加时间投入，慢慢挤掉原来很多低效、无用，甚至是娱乐的时间。这个变化需要一段时间，但是当你回头看的时候，你会很惊讶，甚至感慨自己居然能做到。当你进入学习的正循环的时候，你就不会再问"学习要花多少时间"这样的问题了。如果在意学习要花多少时间，那你就是一个学习的局外人，学习也不会把你当自己人。

这就像相亲和谈恋爱一样。当我问你要找什么样的对象的时候，你会列出一堆条件，但是当你真正喜欢上一个人的时候，你会发现可能对方的很多条件都不符合你的要求，但是你就是喜欢。当你遇到了自己非常喜欢的人时，自然是要创造更多的时间和对方在一起，而不是说要做时间的配额管理，比如我只能和你相处一小时哦。这是"海王"做的事情。我们要的是在学习当中找到爱，而不是用商务谈判式的方式去和学习讨价还价。讨价还价的相亲无法得到感情，讨价还价的学习无法学到真知。学习并不需要非得和你在一起，而我们确实要持续学习。

---

[1] 关于刚刚开始行动会遇到哪些问题，在我的《持续行动》一书中有所讨论，这里不详细展开。

对于初阶学习者，每天能学一小时，持续下去就已经很不错了。只要你能坚持，你在学习上投入的时间一定会慢慢增加，最终你会把所有可用的时间都放在学习上，因为你会发现这笔投资很划算。

退一万步，即便你不在学习上花时间，那些"勾人"的短视频、你内心的迷茫、困惑与纠结，也会爬上你的心头，抢走你的时间。

当一个人开始学习的时候，应该把自己当成学习高手，还是学习新手？这是一个学习定位的问题。不过很多人对自己的学习定位有偏差，在需要打基础的时候，明明自己是个新手，却想像高手一样玩花样；在遇到困难的时候，明明可以拿出高手突破的勇气，却又偏偏像个新手一样蜷缩成一团。在持续学习的过程中，时刻要知道自己几斤几两，这样才能根据自己的实际情况做好准备，打一场漂亮的学习仗。

最好的学习方法是：没有方法，硬学

最好的学习方法是，没有方法，硬学，然后在学习中调整。

有些初学者会认为自己学习不好，是没有找到好的学习方法，于是花费很多时间去研究学习方法，希望通过一种好的学习方法来提高自己的学习效率。这么做的结果，往往是一直找不到适合自己的学习方法，一直也学不出成果，然而时间却过去了，从 20 岁到 30 岁再到 40 岁，他还在找学习方法，就是不学习。

有没有"最好的学习方法"

"最好的学习方法"是概念的陷阱。每天早上去买早餐，你会不会比较哪种食物"最好吃"？这些早餐可能都好吃，但是你的目的是吃饱，所以尽管选择很多，你也只会大致挑一两样，吃饱走人。

什么叫学习方法？是当你开始学习时，要进行的一系列动作的集合：先做什么再做什么，每一步要做到什么程度，形成一个操作的流程。将这些步骤加起来，就组成了所谓的学习方法。

如果认真思考"学习方法"这个概念，就能发现我们以前没有注意到的一个事实：并不存在一种万能的或者最好的学习方法。这就像吃饭一样，你盛好一碗饭，要讲究用什么方法把碗里的饭吃完吗？是先吃左半边，还是先吃右半边？先翻起来吃下面的还是吃上面的？只有小孩子在刚刚学会吃饭的时候，才会这样讲究，一般人就是一口一口地吃，然后就吃完了！

对学习而言，每个人所处的阶段不一样，该做的事情也不一样。这个该做的事情就是所谓的学习方法。学习方法到底好不好、有没有效率，其实并不重要，根本原因在于，即便是"好方法"，有时候与你也不匹配。你只能匹配你所处阶段所适用的方法。所以如果你现在能做一些事情，一定要先做，而不是先去纠结它是不是最好的。即使是最好的，你可能也驾驭不了。相反，先做起来，慢慢地打开思路、改变状态，你头脑里能生长出新想法，自然就能想到优化的思路，也就会发现和领悟到更好的方法。

"好方法"是生长出来的

很多学习者纠结的一个问题是，如果没有找到最好的学习方法，没有找到最适合自己的方法，万一在学习上走了弯路怎么办？万一学习效率低怎么办？我在学习上可是不能吃半点儿亏、受半点儿挫折的哦！这就掉进了用静态的眼光看问题的困境，既是一种完美主义的偏差视角，也是一种一劳永逸的错误心态。这么思考问题的人，内心有一个假设：我只要找到一种最好的方法，就再也不用纠结和操心我的学习了。当找到这种方法以后，我就可以高枕无忧地安心学习，再也不会有学习过程中的各种困难和痛苦了。对这些人来说，找最好的学习方法，就像找"特效药"。但我要说这个想法是非常不现实的，学习没有特效药，因为事情是持续变化的。

首先，当我们开始学习的时候，学习材料不同，决定了我们需要用不同的学习方法。如果是一些简单的内容，大致看一看，大概听一听，就能学会。而那些需要攻坚的内容，需要我们投入很多时间资源的内容，需要采取的学习策略是不一样的。

其次，我们每个人都会有不同的学习习惯。这种习惯，既来自我们的学习经历，也来自我们的生活状态。比如有的人每天花一小时开车上下班，那么在这种情况下，开车路上听录音，可能是主要的学习方式。有些学习习惯未必是正确的，但是当你开始学习时，你还只能先按照老习惯来，然后再慢慢改变，提升效率。如果你想改变社会，你得先适应社会，这样你才能活下来，而不是搞学习的"休克疗法"。**所以先开着你的老破车上路吧。**

最后，一旦我们开始学习，学习能力就会不断提升。随着学习能力的提升，对不同学习方法的驾驭能力也会提升。对同样一种方法，作为初学者可能用不好，但是进入高阶的时候，采用这种方法可能会取得更好的效果。

所以，不用总是纠结，你只管去学，不要在意方法，先学起来，再做总结。你会发现，实践会让你对学习有新的理解，头脑里会自发地冒出关于学习方法的新想法，这种"自创方法"的过程，才是学习的正途。

当然你也可以有意识地去看看其他人介绍的各种学习方法，不过你会发现这些对你的价值不是很大。当你找到了自己的学习道路，你并不需要知道那么多的学习方法，而且即使你看了很多的学习方法，你也会发现其实万本归宗、大同小异。

可以回想一下在鞋店买鞋的经历，当你走进鞋店，货架上的商品琳琅满目，你需要把每一双都试一下吗？不需要。你只需要报出你的尺码，然后很快就能确定可选鞋的范围，只有那些鞋子可以让你试。你试好一双，买走即可。架子上仍然有一排排的鞋子，但是和你没有什么关系。其实学习也一样，当你进入学习的正轨，你就会知道你该走哪条路，而这时候给你的选择其实并没有那么多，剩下的就是持续学习了。

持续学习七大必备工具

工欲善其事，必先利其器。

在持续学习中，需要给自己配置好用的学习工具，以提高学习效率。这里梳理出一份常见学习工具的清单，方便大家对照检查，搭配使用。但是要注意，工具是为我们服务的，而我们不是为工具服务的。

（1）不卡顿的手机，要设置弹窗消息屏蔽。

我们每天手机傍身，用于生活、学习和工作，所以手机一定要好一些。这个好不在于贵，不在于展现自己的收入和地位，而在于手机使用不卡顿、容量大。这样在你操作手机的时候，就不会耽误时间，也不会影响心情。有的人一部手机用到"卡"得不行，每次都边用边骂，这就没有必要了。在装备上不应该过分省钱。

还要注意，关掉手机里的各种应用程序弹窗，保持清净。手机上有备份功能，一定要开启这个功能，保护好自己的数字资产。

（2）流畅使用高性能笔记本电脑，搭配一台外接显示器。

手机不能卡，电脑也一样，要确保运行流畅。现在我们的大部分时间都会花在电脑上，所以电脑的性能很重要。我建议大家外出的时候带上笔记本电脑，主要是方便随时随地开展工作。有人会认为电脑太重了不愿意背，那可以购买超薄轻便式、性能优越的笔记本电脑，虽然会贵一些，但是值得。

另外还有一点，可以在家里或者办公室再搭配一台外接显示器，主要目的是方便多屏操作，提高工作效率。当你把工作铺开在不同屏幕中的时候，更容易进入沉浸式的工作状态。我喜欢把屏幕竖起来，这样在阅读、写作、编程的时候，文档可以展示得比较长。我这本书就是在竖屏显示器上完成的。另外，显示器要适当抬高，与自己的视线平齐，这样有利于保护颈椎。

（3）购买电子书平台包年账户，以最短时间查找图书。

总有学习者在"是看电子书还是纸质书"的问题上纠结不已。其实核心逻辑很简单，就是看我们要多快拿到一本书。在研究一个领域相关话题的时候，如果需要马上看一些书，这时候电子书无疑是效率最高的。在电子书平台上，我可以马上将所需图书找出来，用关键词搜索阅读。而且可以一次快速翻阅很多本，实现主题阅读的目的。如果是纸质书，至少还要等一天时间才能看到。

对于泛读一类的需求，用电子书看会比较好。毕竟有的书你翻阅以后，知道大概内容就可以了。所以拥有一个电子书平台的包年账户，会很划算。对于需要精读的书，可以购买纸质版本，毕竟对于电子书，虽然在平台上买了看了，却未必真正属于你。万一某天平台关闭，你的电子书有可能会消失，但是纸质书还会在你身边。

（4）准备一个高书架，保存自己读过的经典纸质书。

每个人都应该有一个属于自己的书架，最好是高一点的书架，能放很多书。持续读书的人，都会有很多藏书。最好的藏书原则是，只收藏自己读过的经典书。多年没有读过的，读过但认为不够经典的，或者电子书平台上有的，可以通过二手书市场处理掉，这样可以减少对空间的占用，还能回笼资金。有很多书，如果你长期没来得及读，在网络上又有电子版，纸质书就不是很需要了，以后也不太可能会读它们了。

如果你不去仔细研读一本书，不从中获取价值，那你买书就是在亏钱。所以把书架留给最好的书，随便指一本你都能讲出所以然的那种，这是我们努力的目标。另外，书架可以在网络上定做，要记得找隔断层有钢条支撑的那种，可以承受纸质书的大重量。

（5）有意识地使用搜索引擎，以及各种论文数据库。

网络中很多学习新手不讨人喜欢的根本原因在于，不会自己动手搜索。他们特别喜欢问一些明明简单搜索就有答案却要让别人回答，又很占用时间的问题，这与其叫提问，不如叫索取情感价值、博取关注。这是信息时代的新型生活不能自理示例。搜索其实非常简单，输入关键词，点击"搜索"就可以了。搜索引擎又用不坏，而且也不收费，所以不用担心，大胆用就可以，想搜什么都可以。你搜索得多了，慢慢地就会知道怎么优化关键词。

在学习中要有意识地使用搜索引擎。**当你在脑海里有问题的时候，要马上反应过来这个问题能否在网络上搜索**。这是需要刻意训练的本领。在这方面，有很多图书分享了相关技巧，你可以在电子书平台上搜索关于"如何搜索"的内容，已经有很多人讨论过。

值得注意的一个方面是，要有搜索论文数据库的习惯，我们研究一些话题，在数据库里会找到很多文章，质量也比较高。至于有什么数据库可以查找，我把这个问题当作留给你的作业，你可以搜索一下看看。

（6）知道如何使用打印资源。

有人说，现在很多资源都有电子版，很多东西是没必要打印的，浪费纸张，我同意这个观点。不过打印东西有一个重要的方便之处，就是同样的内容，你在屏幕上看和打印出来看，往往能看出不同的东西。我写好了书稿，在电脑上改了三轮以后，打印出来阅读，仍然能发现新的需要修改的地方。纸上方便写写画画，感觉还是不一样的。

另外，有人不习惯阅读电子文件和内容，也会打印出来，甚至自己购买一台打印机。用打印机打印少量文件其实挺方便的，但是维护打印机和耗材费用是需要考虑的事情。网络上有专门的打印商家，你把文件发过去，商家可以帮你用很低的价格打印出来，然后寄给你。虽然会有一些延迟，但是也比较方便。不过要注意，如果是比较重要的文件，就不要用这个办法了，以免带来信息泄露的风险。

（7）一个高质量的学习社群。

读书写字是学习，社交也是学习。和正确的人社交可以提高自己的学习效率，可以学到很多隐性知识。这些知识是只有在交流和相处当中才能感受到和体会到的，它们和书本上的显性知识不一样。

这些人在哪里？要自己去寻找。

这时候社群就能发挥作用了。在网络上会有人组织和学习相关的事情，主题不一。在这类社群当中，通常会碰到各行各业爱学习的人。社群在学习中发挥的作用，其实是一个信息周转，以及找人打听、请教事情的集散地。当我有一些特异性很强、实践性很强的事情，甚至是一些业务需求想找人询问的时候，在社群里面通过社群成员及其转介绍，往往可以很快获得答案。怎样判断一个社群是不是值得加入，主要看群主的风格，一般社群的风格就是群主的风格。如果你喜欢群主，群主又是在认真运营社群，那么这个社群就可以加入。

我认为一个人一般需要加入一两个社群，并且保持与社群成员以及群主的联系。这样的话，你在需要的时候可以寻求帮助。当然，假如你得到帮助的话，也不要忘记表达感谢。参与社群最好的方法就是平常保持联系，主动输出和交流价值，而不是等到需要的时候才急学现用。平时多烧香，才能省掉临时抱佛脚的工夫，功夫下在平时，学习如此，与人的交往也如此。

第三章

掌握三大学习关键，
　让基础更扎实

持续学习就像飞机巡航。飞机在高空持续稳定航行，需要各个组件紧密配合、协调运行，这样才能安全地离目的地越来越近。在持续学习中，首先要抓好概念，通过概念打好学习基础，之后掌握基本原理，通过原理建立对不同学科框架的认识。框架的总结与归纳，有助于提升学习的速度。

最后，学习了不同领域的知识后，如果能构建出关联，就可以形成更全面的理解与认识。

建立概念网络，打通不同领域

概念是学习的基础。很多人学不好，主要原因就是没搞清楚概念。概念不清犹如鸡同鸭讲，自以为知道，其实并不知道。概念里有大学问，深挖概念可以发现很多重要的信息，积累概念有助于我们打好学习的基础。

构建概念的网络，可以让我们打通不同领域。警惕概念的陷阱可以让我们避开学习的坑，走上学习的正道。

理解概念：
以"情绪"概念为例，从不同领域找定义

这里，我以"情绪"概念为例，演示一下概念可以怎样学。

在生活中我们会说"心情好""情绪状态不佳"，还有人体验过"今天心情不太好，但不知道为什么"。如果我问你"什么是情

绪？请用自己的话来解释。"你可能答不上来。既然不知道，那就需要先查查概念了。我查了一下，不同领域的图书对"情绪"有不同的定义。

> 情绪是针对个体认为有具体意义的情境做出的，一种复杂的身体和心理变化模式，包括生理唤醒、感觉、认知过程、外显的表达（包括表情和手势）以及特殊的行为反应。情绪通常持续的时间较短，比较强烈。
>
> ——《心理学与生活》[1]

> 情绪是一种强烈的情感，直接指向某人或某物。
>
> ——《组织行为学》[2]

> 情绪通常比较强烈，如快乐、气愤和害怕，也常常和特定的触发事件联系（如收到一份很棒的礼物）。
>
> ——《消费者行为学》[3]

学习概念的第一步，就是尽量在不同领域找到关于这个概念的定义，放在一起对比分析，这样可以很快抓住概念的要点，使人印象深刻。我在这里选择了《心理学与生活》《组织行为学》《消费者行为学》三本书，它们分别从心理学、组织行为学、消费者行为学角度对"情绪"做了定义。

---

[1]《心理学与生活（第19版）》，理查德·格里格，人民邮电出版社于2014年出版。
[2]《组织行为学（第16版）》，斯蒂芬·罗宾斯、蒂莫西·贾奇，中国人民大学出版社于2016出版。
[3]《消费者行为学（第12版）》，迈克尔·所罗门，中国人民大学出版社于2018年出版。

如果你之前没有想过什么是情绪，认真看一下这三个定义，会有很多启发。我归纳了一下，这三个角度的定义有以下共同特征。

（1）情绪要针对具体的、有意义的人或事情。
（2）当情绪产生时，身体和心理状态都会发生变化。
（3）情绪持续的时间较短，并且很强烈。

注意这些特征，需要我们自己归纳出来。所以如果你读到这里，不妨盖住上面我总结的这三条结论，重新回到上文，自己分析一下，看看能不能得出类似的结论。自己独立思考得到的结论，印象更深刻。

另外，由于这是不同领域对同一概念的定义，因此除了共同特征，各个学科论证的角度与侧重点也有所不同。

（1）心理学更侧重情绪带给人的变化，所以定义的概念比较具体，涉及范围也全面。在定义中，引入了专业的词汇，例如生理唤醒、认知过程、外显表达等。
（2）组织行为学更偏向从管理的角度来谈情绪，抓住的主要矛盾就是情绪指向人或者物。这是从人的行为反应来谈论情绪的。在组织中，成员的行为反应会影响到组织的产出。
（3）消费者行为学更关注消费者的反应：怎样让他们更容易产生消费行为？消费者什么时候会快乐？什么时候会兴奋？如何去触发他们的情绪？怎样让他们购买？

我们认真分析完以上三种关于"情绪"的定义，有什么用呢？沿着前面的思路推进，至少能得出以下几点。

（1）情绪不太好的时候要记得找到诱因。根据定义，情绪来自特定的人或者事。如果我们莫名其妙地感到不高兴，要记得找找引发情绪的人或者事，不要生闷气。解决情绪诱因的问题，就可以缓解或者消除情绪。

（2）情绪会同时带来身体和心理上的变化，反之也能成立。人在情绪不好的时候，身心健康也容易出问题。反过来，我们也可以通过对身体和心理状态的调整，反向影响情绪。很多人在心情不好的时候，会出去大吃一顿、做做运动，甚至有人会摔东西。这些行为模式的本质都是通过行为改变自己的生理状态，从而改变情绪状态。还有人会在心情不好时和朋友倾诉沟通，以舒缓自己的情绪。这是通过转移注意力的方式，触发心理的变化，从而产生情绪变化。

（3）情绪来时如山倒，来得快也去得快。前面提到情绪有时间较短且很强烈的特点。知道这一条有什么用？情绪来时如山倒，但是不要被吓到。既然来得快，去得也快，所以更要想想，情绪不在的时候怎么办？

古人有句话，盛喜中勿许人物，盛怒中勿答人书。高兴的时候不要随便给人东西，愤怒的时候不要随便给人回信，因为容易后悔。如果自己情绪正盛，要告诉自己冷静，在情绪中做决策，容易犯错误。如果遇到周围的人情绪正盛，

> 也可以等一等，避免对方做错误的决定。当然如果你做销售工作，往往要把客户的情绪调动起来，然后促成成交。为什么很多人要喝酒谈生意？就是借喝酒把大家的情绪激发出来，进入麻木放松的状态，更容易谈成事情。

读完以上文字，相信你会对"情绪"两个字有更加深刻的理解。经过思考以后也不容易忘记，自然会记住"情绪"是什么，还会理解情绪的特点。当你开始深度加工知识的时候，即使不用记忆法辅助，也能直接记下来。思考的痕迹，深度的加工，就是自然记忆的好帮手。更关键的是，如果以后有人跟你聊自己的情绪，你可以学以致用，安抚朋友，干预情绪，帮助他人。

这并不是结束，我只是选了三个领域里关于"情绪"的定义，其他领域是不是还有更多关于情绪的讨论呢？现在你对情绪的概念已经有了较全面的理解，假如以后你看到其他领域关于情绪的讨论，用你"已知的概念定义"对比"新的概念定义"，是不是很快就能发现不同？抓住了差异的部分，补足差异的信息就可以了。这样一来，学习速度是不是就会提升呢？

随着持续学习的推进，阅读量不断增加，涉猎的领域也不断扩大，你会积累越来越多的关于某个概念的定义，对其形成越来越立体的认识。我现在可以从三个领域来告诉你"情绪"的定义，可能三年之后，我能够告诉你十个领域里对于"情绪"这个概念的不同理解。人们对同一个概念描述的角度越多，认知也就越全面，也就更容易接近事物的本质。

用好概念：细抠+扩展+积累，形成涌现效果

经过"情绪"概念的举例，相信你对如何利用概念学习，已经有了基本印象。那么在学习中，概念到底发挥了什么作用？

（1）细抠概念，吸收丰富内涵。

很多人在学习的时候，对概念的定义一带而过，或者用自己的生活常识"想当然"地理解概念，掉入片面化的陷阱里。你以为的概念是这样的，其实概念是另一种样子。概念是学习大厦的砖块，学概念就是在烧制砖块，如果砖块的质量不好，当你垒到高处的时候，底层的砖块就会被压塌。很多人对某些领域知识的学习，在学到后面时会发现后劲不足，怎么学也学不进去，怎么提升也提升不了，这就需要追本溯源，在概念上再下一些功夫，再排查排查，看看是不是有重大的盲点。

理解概念，得逐字逐句细抠，认真分析概念的定义，从定义里提取信息。前面我以"情绪"为例来分析，相信你读完就会有收获，原来一个词可以深挖到这么多信息。那么我们能不能举一反三，在自己的专业领域里，采用类似的方法，重新梳理概念，把自己的理解写下来？你可以马上试一下：找出一本你所在行业的经典著作，从头分析每一个概念。每个概念可以写一篇文章，就像我前面介绍"情绪"概念那样，一个概念写了2000

多字。当你写了 100 个概念的分析时，就有了 100 篇文章的积累，假如一篇文章有 2000 字，那你就有 20 万字的写作量。假如你完成了一段时间这样的训练，你的脑海里就会对自己所学的领域中的概念，生长出不同的理解。

（2）用概念扩展概念，建立概念网络。

要学好一个概念，有一个简单的方法，就是搜索这个概念。

这里讨论的是"概念"。"概念"本身也是一个概念，那么概念又是什么呢？在网上搜索"概念"，会找到以下关于"概念"的两个定义：

> "概念"是对特征的独特组合而形成的知识单元。[1]
>
> "概念"是一个通过使用抽象化的方式从一群事物中提取出来的反映其共同特性的思维单位。概念都有内涵和外延，即其含义和适用范围。[2]

你看，当我们在讨论概念、查找概念定义的时候，往往会再引入一些新的概念来加以解释，比如为了解释什么是概念，这里引入了"内涵"和"外延"的概念。从逻辑学的角度来说，一个概念包括内涵和外延两个方面，内涵更多的是指概念所含有的内在属性，外延是指包含这些属性的客观对象。我们在上一节分析"情绪"的时候，前三点其实是在分析情绪概念的内涵，讲的是情绪包含了什么特性，比如针对具体的人或事、

---

[1] 中华人民共和国国家标准（GB/T15237.1-2000）。
[2] 以上关于"概念"的定义来自百度百科。

短暂的持续时间等；而后三点分析的就是情绪的概念外延，也就是当你遇到具体的情绪，比如欢喜、忧伤、焦虑等时，你可以怎么做。

于是，你在学习一个概念的时候，又顺带了解了另外两个概念，"买一送二"。这就是概念的扩展，由一个概念的学习，关联到更多的相关概念。概念扩展就像朋友转介绍一样，你新学习的概念就是新交的朋友，然后这个新交的朋友再给你介绍新的朋友。

关于概念扩展，除了通过查找定义去发现新概念的方法，还可以在一个领域里持续学习，自然积累。当你学习的时候，总是会遇到一个又一个概念，你要把每一个概念搞清楚，然后将它们关联起来。持续学习，就是要利用概念与概念间的相互关系不断扩展，最后形成强大的概念网络，变成我们的知识体系。经常看到很多人在网络上问怎么打造知识体系，其实知识体系是有生命力的，是生长出来的。

（3）积累大量概念，形成涌现效果。

假如我们持续积累概念，会产生什么样的效果呢？在复杂系统学科中，引入了一个叫作"涌现"的概念。[1]涌现就是出现了一些新的属性，是之前每个独立的组成部分所没有的。怎么理解呢？比如，我们在一个领域积累并掌握了1000个概念，那么对这个领域的理解就形成了自己的判断。即使遇到挑战，也可以果断决策，不会犹豫不决。这是刚刚入门的初学者所达不到的。

---

1 我在《持续行动》一书中，也有关于涌现的介绍。

对于概念的理解，就像上螺旋楼梯。你我看到的是同一件事情，你在一层，我在五层，虽然说的是同一件事情，但背后的内涵却完全不一样。更有意思的是，身在其中者往往并不能意识到层次的差异，和其他人交流时也未必能发现不同，可能以为对方都知道。只有真正出手实战、高手过招的时候，才会发现各自理解上的不同。

对一个概念有没有深刻的理解，就看相应的行动能不能经得住考验。如果你持有一只股票，其考验就是如果股价下跌回调，你能不能拿得住。如果你看好一家公司，就不会因为股价一时的风吹草动而轻易减持。概念建立得牢固，会形成信念。信念就像我们对米和面的信心一样，如果超市里的大米降价了，我们不会恐慌，我们会趁着便宜再买几包慢慢吃，而不是把自己手里的囤粮卖掉。

我们的判断力以及由此引发的行动，不会因任何一个单独的概念而触发，但当我们在一个领域学习了足够多的概念，形成了深刻的认识，织成了概念的网络后，就起到了"1+1>2"的效果。这也是常说的，由量变到质变，带来了飞跃。

我相信初学者不用去纠结太多的学习方法，只是把一些基本的概念搞清楚，就能超过很多同阶段的学习者。这个工作太基础、太朴素、太不显眼，以至于很多人根本不屑于做。

我们在学校学习时期，很多考试就是在持续地考概念，变着花样考、拐着弯儿考。在你真正搞清楚概念后，就绝对不怕考试了，很多难题可以迎刃而解，甚至你可以自己出题。工作以后，看一个人对行业的理解，其实也是看他对行业的一些基本概念是不是有深刻的洞察。树高千丈，扎根地下，深厚的行业基本功，能为行业的长远发展积蓄力量。

我们可以从现在开始积累概念，选择一个领域，从头开始，先积累 10 个，再积累 100 个，再积累 1000 个……对每一个概念，都要认真理解和分析，用自己的语言将其写下来。可以针对一个概念，在同一领域里，找不同的著作，看不同版本的定义；也可以在不同领域，找不同著作中同一概念的定义，对比定义的不同角度。对于同一个概念，当你接触了许多略有差异但又相互交织的定义时，相同的部分可以让你加深印象，不同的部分会通过反差形成对比，刺激你的大脑。持续这个动作，经过一段时间的学习你会发现，概念就像你的朋友一样呈现在你的脑海里，当你遇到问题的时候，你的第一反应几乎就是最好的反应了。

在不同领域里对比同一个概念的定义，也能看出不同领域是如何使用一个概念来达成自己的目标的。分析这一点，还可以学到不同领域解决问题的方法论。比如组织行为学更关注个人和组织的关系，引入"情绪"这个概念，着眼于个人的情绪如何对团队产生影响。如果你以后遇到团队协作与领导的相关问题，记得在组织行为学里找答案。

消费者行为学考虑的是怎样让消费者购买，情绪会影响消费者决策购买的过程。如果你是一名销售员，那么消费者行为学会对你的业务能力提升有很多启发。心理学更侧重生理的过程以及心理的变化,更关注情绪在人身上会有什么变化,如果你对身和心的关系有兴趣,那么心理学会是你的知识宝库。

看到这里,相信有人会问,你是怎么知道各个领域对同样一个概念会有不同定义的?你怎么知道要去哪个地方找同一概念的不同定义呢?无他,惟手熟尔。

终极目标:建立高精度、全联通的概念网络

高铁的高速发展,相信这几年大家有目共睹。我有一个爱好,就是看国家的铁路规划以及各地的铁路建设进展。正好在写本篇的时候,《国家综合立体交通网规划纲要》发布了,里面提到,到 2035 年,要实现全国"市地级行政中心 45 分钟上高速铁路"[1]的目标,形成由"八纵八横"高速铁路主通道为骨架、区域性高速铁路衔接的高速铁路网。

(1)高铁网络是怎么建成的。

高铁网络的建设,是一步步走出来的。我们以 350km/h 的高铁为例,最开始只是在北京和天津之间修了一条城际高铁,正好在 2008 年北京奥运会前开通运行;然后是 2009 年武汉与广州之间的武广高铁开通,再就是同年郑州与西安之间的郑西高铁开通;接着,2010 年上海和南京之间的沪宁高铁、上海和杭州之间的沪杭高铁开通;2011 年北京到上海的京沪高铁开通,2012

---

1 摘自:中华人民共和国交通运输部网站。

年北京到广州的京广高铁开通（这是由北京到石家庄的京石、石家庄到郑州的石郑、郑州到武汉的郑武高铁分段开通构成的）……

从我国高铁发展历程就可以看出，高铁的网络也不是一下就建成的。最开始是在某两座大城市之间修建一条高铁，然后另外两座大城市之间也建一条。这些铁路相互之间可能并没有连起来。但是没关系，一年接一年，持续建下去，慢慢你会发现，北京和上海之间的高铁连起来了，上海和武汉之间的高铁连起来了，广州与贵阳之间的高铁连起来了，全国各省会城市的高铁渐渐都连起来了，最终形成了高铁网络。

更有意思的是，最开始是大城市和大城市相连，是粗粒度的高铁网。慢慢地，高铁越修越多、越修越密，高铁网络更精细、更通达，地级市也有了高铁。相信很多读者的故乡，都已经有了高铁站。我国提出的目标是，到2035年，所有的市地级行政中心45分钟就能上高速铁路。就是说以后我们去高铁站，可能会比现在上班还要容易。

（2）建设学习的概念网络。

学习中的概念网络建设和高铁网络的发展非常像。最开始可能只是掌握了一两个概念，就像只在北京和天津之间修了一条高铁，并没有形成大气候，但是只要持续行动、一直学习——先搞懂领域里的基础概念，基础概念与基础概念相互关联，基础概念再扩展概念，相互联系、不断拓宽，就可以建立一个非常精细缜密、互相联通、四通八达的概念网络。

四通八达的概念网络有什么作用呢？

第一个作用就是记得牢，不容易忘，即使忘了也容易找回来。当概念网络高度连接的时候，回忆一个概念就相当于去某一个地方，即使一条路断了，还可以通过其他方向绕过去，总是可以到达的。在考试的时候，如果你一时紧张忘记了公式，如果概念网络织得好，也可以现场推导出来。

第二个作用就在于精细度。概念网络织得越密，精细度就越高，感知就越灵敏。我在《持续行动》一书里，讲过一个卖烤栗子的大爷的故事[1]，他可以精确地把栗子称到想要的重量，误差很小。很多读者看到这个案例以后，给我反馈了许多其他专业领域里精准感知的例子：有设计师说他能看出设计图案里一个像素的误差，有美妆博主说他可以记住并区分眼影盒里的 168 种颜色。

学习越到位，概念积累得越多，我们的感知就越精准。感知精准是专业度高的表现。别人会因为我们的专业度向我们付费，购买我们的时间与服务。

（3）建立自己的概念网络。

任何人都应该在自己的专业领域里建立概念网络，亲自维护本专业领域的基础概念，实时更新升级。如果专业领域里的概念很多，可以先从 10 个、100 个开始做起。这就像收拾屋子一样，把头脑里的每一件物品整顿清理，然后做上标记重新入库，确

---

1 参见《持续行动》的第 40 页。

保进入这间屋子的每个概念都是经过考验的，而不是被别人胡乱塞进来的。这样你会更清醒、更聪明，不容易焦虑，思考也会有章法。

在建立自己的概念网络的时候，既不要跳过简单的，也不要害怕复杂的。对简单的概念，你可能会认为过于简单，于是浮光掠影一带而过，而对复杂的概念，你可能一眼没看懂又心生畏难情绪想要退缩。要知道，复杂的概念往往由简单的概念通过层层推演堆叠在一起。如果你看到简单的概念就自以为是地跳过，很有可能在概念慢慢变得复杂的时候，就突然跟不上了。这是因为错过了"涌现"。

回想我们在学校读书的时候，当天学习的知识若有困难，一定要及时解决，不留盲点。如果积压了任务，"带病"向前走，总有一天你会发现，听也听不懂、跟也跟不上，更容易破罐子破摔。那些考试成绩排在末尾的人，并不一定是智力败给别人，而是由于欠下的知识债务过多，来不及追赶，心理压力过大，而最终投降认输。

概念实战：建立 100 个概念台账

怎样确立自己脑海里有由 100 个概念组成的概念网络呢？这里介绍一个最简单的方法：建立台账。

所谓台账，就是放在台子上，供人翻阅的账簿。以前的账房先生，要把账本放在柜台上记账，久而久之，大家就称之为"台账"。台账的本质是清单或者表格，其作用是通过结构化的方式组织信息，方便梳理，可帮助我们思考得更清晰，避免脑海里一团乱麻。计算机普及以后，我们可以用电子表格的方式来组织自己的台账。

假如我们掌握了 100 个概念，这 100 个概念形成了网络，我们要怎么来建立台账呢？

（1）每个概念，要有一个编号。这个编号应该是唯一的、不重复的。

（2）每个概念，要有基本的定义。这个定义可以直接摘录自某本书、某个学科领域。当然，如果你看到了更多的不同版本的关于这个概念的定义，也可以将其并排列出，成为扩展定义。

（3）每个概念，要写出你自己的理解。正如上文中所分析的不同版本的概念一样，当你用自己的语言解读了以后，你对概念的理解会更深一层。

（4）每个概念，写出你能想到的案例应用。这部分的训练主要是积累生活中的案例，便于以后在写作中遇到案例的时候，能反向用概念来解读或者解析这个概念。

（5）写出你认为可以与之关联的其他概念。这样做的好处是，训练我们触类旁通的能力，打开思路，不让自己局限在某一个概念上，而是尝试从多个角度来分析。

以下表格就是我根据上面的要点建立的台账。你可以根据自己的使用习惯，制作一份表格。可以打印出来手写，也可以在电脑上记录保存。[1]

编号	概念名	概念定义一	定义一出处	概念定义二	定义二出处	我的理解与分析	应用案例	关联概念

当我们建立好了这样一份台账后，只要定期更新、定期复习、定期查阅使用就可以了。具体如何使用呢？

（1）逐个讲概念。

一个概念有没有掌握，最简单的方法是用自己的语言讲解一下。讲的时候要脱稿，不要看台账。最开始你会发现自己离了台账什么也讲不了，但是不要着急，持续练习下去，你就会慢慢熟练。微信上有视频号直播的功能，你可以开一个直播来讲概念。有多少人听不重要，重要的是给自己一种在现场的实战感，你在上面讲，评论区会有各路人说话，还会有奇奇怪怪的发言，这些都会让你紧张，产生心理压力。但是你要的就是这种有干扰性的练习场景，练习效果会更好。

（2）逐个写概念。

如果你觉得讲概念困难，还可以试着写出来。用一篇文章厘清一个概念，我在本章开头，就打了一个样稿。你可以试着采用

---

[1] 如果你想要这样一份表格，可以在我的公众号"持续力"后台回复"台账"获取。

持续写作的方式，每天写一个概念，把你的理解写出来。当你开始写了以后，会发现很多概念你以为你知道，其实你并不知道。脑中思绪万千，下笔空无一物。于是你会有很强烈的动机回到过去，查阅最初你学过并且忽略的概念。而这个过程会让你对知识的理解进一步升华。写得多了，你也能慢慢讲出来。另外，你还可以隐藏某个概念，自己写出来，再展开隐藏的概念，对照一下自己是不是完全理解和掌握了。

（3）给概念配对交友。

把一个概念比作一个朋友，于是我们可以干一件事情——给概念配对，即"找对象"。我们可以专注于发现哪些概念可以关联起来，形成网络。这样一来，可以从一个概念想到另外一个概念，从一个案例想到另外一个案例，这部分内容在本章后半部分还会讨论。

很多人有开阔的脑洞，善于联想，一方面可能是因为他们天生聪明，另一方面就是做了很多关联练习。有的人人脉广，认识很多朋友，那是因为平常需要做朋友关系的维护。概念要形成网络，平常也需要在这方面做很多积累工作。

风险警告：不要掉进概念的陷阱里

概念是学习、交流的基本单位。我们通过概念，将信息打包，提升交流效率。当我们想表达一件事情时，如果对方已知一些基础概念，那么我们直接引用这个概念就能节省时间。就像盖楼，从市场上买到砖、预制板，再加上钢筋水泥，把房子组装起来，要比从头开始烧制砖、炼制钢筋，高效得多。

无论是写作表达，还是学习、阅读，抓好概念，就抓住了入门的钥匙。人类社会运行这么多年，已经建立了许多现成的概念，这些概念还在不断动态演化中。有的概念新出现并广泛流行，有的概念不再被人使用，已被人渐渐遗忘。不管怎样，学会掌握不同的概念并熟练使用，可以提高学习的效率。

在商业社会里也是这个道理，很多人总会尝试使用新概念来提升业绩。在当今社会，许多光鲜亮丽的概念背后，其实有很多逻辑陷阱。如果不能分辨，就很容易掉进坑里。我们学习和积累的概念，最好来自人类正本清源的知识学科，来自经典教科书，来自经过各行各业不同人士反复评议、共同认可的作品。用这些概念打基础，比较牢靠，相对准确，在构建我们理念大厦的基石时，就不容易出现问题，不会掉入他人构筑的概念陷阱里，成为他人获利的对象。

（1）利用人们"喜新厌旧"的特点，将经典概念重新包装，标新立异。

每个领域都会有经典作品，这些作品穿越时空，闪烁着智慧的光芒。在生活中，我们很难接触到能写出这种作品的人。但是通过书，却可以将这些绝顶聪明之人排排坐，让他们成为你的私人智囊团。经典作品往往有较高的智慧含金量，因其思想深刻、洞察犀利、论述独特而流传，并且有经典框架、经典理念。

只要你能认真吃透，功力就会有很大提升，再结合时代的变化，古为今用、洋为中用，就能取得很好的学以致用的效果。

不过，人们往往会认为旧东西过时了，喜欢追新的东西，于是刻意地去找新概念，来标榜自己的不同，但是这样只会给人带来更多困扰。我们总以为自己所处的时代是彻底不同的，但是常常忽略时代的发展有其内在联系与一致性，也忽略了人性的恒定不变。如果能抓住这些不变，我们在处理眼前事务的时候，就能以不变应万变；如果为了叛逆而故意无视这些经验，我们只是绕路，最终还是会回到前人走过的相同的地方。

营销学里有个经典的"4P"（产品、价格、渠道、促销）理论，产生于 20 世纪 60 年代。如果你做营销搞懂了"4P"理论，用好这四个维度，就足以涵盖当今时代营销领域的方方面面。但是也有很多人说这个理论已经过时了，于是推出各种新理论，有的叫"4C"，有的叫"4S"。仔细分析就会发现，各式新理论更多的只是换一种表达或者向前演化一步，本质上并没有变化。

假如我们没有抓住"4P"理论的核心，而跟热点随大流去学习"最新理论"，就会迷失在其中，在追新中更容易感到迷茫焦虑。新理论是层出不穷的，而<u>决定我们学习新理论的速度的，反而是我们对经典理论的掌握程度</u>。

这也是为什么我一直强调要学习经典作品，经典作品往往经历过时间的考验。虽然有一些具体的议题，放在当下的确有不合时宜的情况，但是经典作品里思考和分析问题的方法，是非常值得参考的。你想想看，经典来自过去。在过去条件差、研究者了解信息少的情况下，仍然有人能够梳理出逻辑，提出概念，整理框架，解决问题，这说明那时候，这种思考问题的方式是极其有价值的。而我们要学的就是这种思考和解决问题的能力。以前条件差一些，前人都能用高超的智慧解决问题，现在信息更丰富，技术手段更发达，我们应该做得更好。

如果我们想学习某个领域的知识，应该找这个领域里尽可能出自源头的思想，去还原前人的所思所想，探寻最早的脉络，发掘最原始的场景与解决问题的思路。这样的话，一个概念呈现在我们面前的时候，我们不会想当然地认为就应该是这个样子，而是知道为什么成为这个样子。这样一来，我们对概念的理解就会非常深入，就像我们从小看着孩子长大，孩子是什么秉性，我们会非常清楚。如果公司要聘用一位高管，需要做好尽职调查，得看看这位高管以往的从业业绩。如果我们要学会一个概念，也要做好概念的"尽职调查"。现在学习资料很丰富，已经有很多人写了针对某个领域的发展历程，这些都是帮助我们对概念进行"尽职调查"的材料。

另外，人们对于概念喜新厌旧的习惯，反过来给我们一个启发：如果你希望制造爆款，提高业绩，那就多制造一些新的概念，让人有更强烈的新鲜感。

知识付费行业就有这个特点，很多课程都会提出一些新的概念，比如"××现象""××模型"或"××方法"，而且往往会采用一种动物、植物来命名，容易给人留下深刻的印象。这些名词与其说是新发现，不如说是新包装，来自对经典作品的再次阐述或者重新演绎。改个新名字，就像推出了升级的新产品一样，会更好卖。你在学习时，也会觉得自己在同步前沿新知。但是如果你认真研究后就会发现，新入门一个领域，如果想打好基础，"花里胡哨"的最新知识根本没必要。对于初阶学习者，搞清经典问题，和最前沿的时代保持一定距离，更有利于进步。

出版行业也有同样的情况。比如我在写这本书的时候，和编辑朋友们有过交流，有不少朋友建议我，要围绕一个关于学习爆点的新概念来写，最好是读者一看就能颠覆认知、感觉受用，然后打透这个概念。我对此是有保留意见的。首先，持续学习这件事情，本身就是长期的，而且是朴素的。我写的这些关于学习的道理，其实几千年前的古人就曾说过，我在这本书里也只是在自己的实践与总结的基础上用自己的话重新表达，也只是用中国汉字重新排列组合，你要说新，也新不到哪里去。（这样说，是不是就没有人买这本书了？）

首先，对于基础学习者而言，并不需要那么多的"新东西"。越是古老的道理，你越应刻意行动、持续践行，越有强大的功效。其次，如果打造一个新的概念点，好像的确吸引人，但是也会带偏人。真正的学习像十个指头弹钢琴，是全方位的、拥抱真相的。学习的真相就是，你不可能只学会一两个绝招就超过其他人。尽管市场上充斥着大量"用一个狠招改变人生"的说辞，但我一直认为这些就像封建迷信里的神药巫术，更多的是为了让你花钱。学习的提升是全面的提升，不是局部的提升。我反而认为，一本书的主题中正、价值明确，即使在书名、目录标题上不那么标新立异，但在时空岁月中的竞争力，也会很强。

（2）有些概念局部正确，整体荒谬，短期倍爽，长期巨坑。

有些概念表面光鲜亮丽，但是扒开来看，存在着非常荒谬的逻辑陷阱。网络媒体的发达，让我们看到各种各样的资讯信息，这些信息往往来自我们的朋友、社交平台上的账号制造的内容。在信息时代，你想关注谁，未必能直接看到他们发布的内容，而是要通过平台的算法来计算分发。这些内容如果要获得平台算法的分发与传播，必须投平台所好，投用户所好。而平台决定分发和传播什么内容，又主要由用户喜欢看什么来决定。用户喜欢看什么呢？当然是听自己更想听到的话，看自己更想看到的信息。

从这个角度讲，我们看到一些观点其实是在迎合我们。如果不迎合我们，这些内容就不会得到关注，我们就可能看不到了，而且生产这些观点的账号，很多以专职运营为生，目的是为了获取流量、转化客户、推销产品、得到利润。这些内容更像营销文案，不是真正的知识，也未必是真正的思考，而是销售话术。如果我们把营销广告的内容当成知识来学习的话，那么我们最终就会变成别人的盘中餐、碗中肉。

现在互联网上获取新客户的成本越来越高，大家生产内容的目的，往往是为了把读者转换成付费用户，从而产生收入。创作出这些内容后，生产者就要想办法赚用户的钱，而未必是要把问题讲清楚。这些内容的生产，本质上不是为人民群众和广大读者服务的，而是为生产者自己的利益服务的。以此为出发点的内容，整体上都会有偏颇，你不会看到事情的全貌。就像你去看房子，中介会把每一套房子的好处都告诉你，但是对于房子的缺点，往往会避而不谈。无论什么房子，他们能马上挑出一些卖点，让你觉得这套房子你非买不可。

在这种大背景下，社交媒体上很多习以为常的观点，看上去迎合了我们内心的预期，让我们短期内得到满足，但是长期来看，对我们的成长进步是有很强的负面影响的。这是一个潜移默化的过程，很多人意识不到。这里我来梳理一下我们经常看到的一些理念背后的荒谬之处。

（1）用这个方法，可以让你少奋斗十年。

大家可能经常会看到，有人写文章说，"用这个方法，可以让你少奋斗十年"。为什么一个人要少奋斗十年呢？如果不奋斗，你要做什么呢？我们先不说苦大仇深似的奋斗，可以先思考一下自己这一生的过法，你是否认为人这一生需要有一些志向、有一些工作、做一些事情呢？我知道很多人在工作中会遇到压力和挑战，遇到困难与打压，于是就想，要不干脆就不工作了，去过开心的生活。这样想并没有任何问题，但是人生百年时光，就像是菜地，你不耕耘播种，必然会杂草丛生。

我们总是需要做一些事情让自己感到有意义，这是每个人对社会的担当。 就像我们在自己的家里，要有家庭的担当一样，只有每个人在社会上不做"小透明"，不去想只拿好处不做奉献，社会的发展才会惠及所有人。

如果你明白这个道理，你就会知道人这一生就是需要辛勤劳作的。假如我们接受了自己要持续行动、奋斗一生这样一个理念，那么少奋斗十年就相当于是让自己少活十年。

"少奋斗"的逻辑，从短期来看，也许是我们要追求的，因为会让我们感觉到可以提升效率、加快做事的速度。原来需要十年时间做完的事情，现在一年就能做好，这样的"少奋斗"是没问题的。但是你省下来的九年时间，要做什么？如果你是一个真正能把十年的工作在一年里奋斗完成的人，那么你会在省下的九年里，继续干完原来可能要一百年才能干完的事情。

而这样算下来，其实你仍然奋斗了十年。只不过是在难度更大、强度更高的层面上奋斗。所以算小账"少奋斗十年"可以让我们扬扬得意，但是算大账，你会发现是有问题的。你现在做四则运算肯定会比小学时快不止十倍，但是你现在的工作，肯定不是天天做四则运算。所以如果有人告诉你，"用这个方法，可以少算十年的四则运算。"你信了，就相当于你以为学了四则运算就能参加高考一样。

所以长远来看，"少奋斗十年"的导向是错误的。如果你认为奋斗是终身的，如果你相信奋斗是像呼吸一样持续伴随在我们周围，那么你会发现，你需要的并不是别人教给你"少奋斗十年"的方法或者技巧，就像你不需要知道如何"少呼吸十年"一样。你需要的是，如何在持续奋斗的前提下，奋斗得更健康、更科学、更持久、更有意义。

祝朋友们持续奋斗，至少要为祖国健康工作五十年！

（2）何以解忧，唯有一夜暴富。

有人会说我们都是普通人，并不适合奋斗，我们只是想早点退休，早点乐享生活，所以我们比较适合一夜暴富。任何短时间内获得的大量愉悦刺激，都可能带来强烈的负面效应。比如财富缓慢、稳健的增长是有益于身心健康的，但是如果财富在短时间内爆炸式增长，往往对人是有危害的。

暴富本质上是不可持续的短暂行为，当不可持续的刺激发生，并带给我们强大的愉悦体验后，我们从内心还会期待再次出现，而当其不再出现时，我们就会做出很多出格的事情，希望其再次发生。而做出这些事情，会让我们陷入困境，比如把钱败光。

我们正处在现代化和城市化高速发展的进程中，已经有无数案例告诉我们，在很多城市有人通过拆迁房子或者买彩票获得巨款，如果不守好，马上就会面临新问题，比如专门有不法分子盯着拆迁户下手。"富过"是最痛苦的事情。当一个人在短时间内获得大量财富，又无法掌控自己的时候，以前的限制突然挣脱，人会急剧膨胀，有人会习惯于一种新的强刺激、高阈值的生活，极限运动、投机赌博等高风险行为成为生活中不可或缺的一部分。这种生活方式会让人对刺激的要求越来越高，快乐也越来越难以获得，以至于原有的生活刺激再也无法使人满足。就像一个长期爱吃重油重盐菜品的人，口味会变得越来越重，直到自己的身体健康受到影响。

所以有人说，你挣不到认知之外的钱。如果你相信一个人挣不到自己认知之外的钱，那么就不应该想着一夜暴富。不过更残酷的真相是，一个人往往认识不到自己的认知边界。我们总是那么普通，但又那么自信。

除中高额彩票、获得大笔拆迁款这种一夜暴富行为以外，在保险领域，高净值的客户往往会给自己配置大额保单，保额在百万元以上。大额保单在被保险人去世理赔时，受益人会得到一大笔理赔金，从几百万到上千万不等。这相当于是长辈留给自己的钱，也是很多人所说的所谓"一夜暴富"。

但是从资产管理的角度，或者从投保人为后代着想的角度，这样的保单往往有很强的副作用，比如后代挥霍、败光家财。所以有远见的长辈在设置资产传承的时候，往往不会选择一次性把钱留给后代，而是通过分批领取的方式，这样更有持续性，可以保障更长的时间。

从人性的角度来说，人都会给自己的孩子最好的东西，毕竟虎毒不食子。但是从实际操作来看，这个最好的东西，并不包括"在很短的时间内得到很大一笔钱"。

这说明什么？说明"一夜暴富"真的不是什么祝福，更像是诅咒。我们的持续努力，也许在未来某个时刻会给我们带来爆发式的收入增长，但这一定是厚积薄发而来的，这样我们才能撑得住精彩。

（3）实现财富自由，然后一切问题都解决了。

错误的概念会带给我们错误的引导，在错误的方向上努力，会事倍功半。比如有的人认为自己现在遇到的所有生活困境，在实现了财富自由后都会消失，这其实就是被错误概念所引导的。首先不说到底会不会实现财富自由，人在生活中遇到的各种问题，并不会简单地通过财富自由就得到解决。没钱的时候也许只有"穷"的问题，有钱以后，会有许许多多其他的问题。

其次，很多人在遇到问题的时候喜欢简化问题，将问题归结到一个简单的原因上。比如，如果没有人爱，你会说是因为自己钱不够多。等到你的钱足够多了，还会遇到财富传承、遗产继承、税务筹划等问题。不管是大问题还是小问题，遇到问题时的感觉都是差不多的，都是"情绪"问题。

我们也许能实现财富自由、衣食无忧，但是要意识到的是，不管我们处在什么样的阶段，都要持续解决自己生活中的问题，这样才能获得进步，需要持续保持学习的姿态才能提升。这种劲头才是财富自由的根基。财富自由绝对不代表可以不用再工作然后混吃等死，人生的意义就是来自工作的成果。财富自由更多地代表我们要在一个更高的层面去承担和解决问题，而这个更高的层面其实就来自我们的经济实力，而经济实力其实来自为社会贡献的价值。

所以实现财富自由的路径更应该是，更有能力、更勤奋地工作，带来更大的价值，从而获得更多的财富，得到更大的自由度。

概念陷阱存在的核心原因就在于世界本身是非常复杂的，对对错错、是是非非，需要去观察、管理和调控。这种复杂意味着，此处的错误可能在其他场合仍然可行，此处的正确不代表处处皆真理。但是概念陷阱会采用这样一种方式来捕获你的芳心：提出一个概念，告诉你只要掌握了它，就可以获得解决所有问题的钥匙。你一旦采信，就掉入了陷阱。学习也是这样。我在这本书里，既会写学习的作用，也会谈学习解决不了所有问题。你要知道边界，知道什么是搞不定的，才能更好地应用。哪怕"持续学习"非常好用，但也不是所有的问题都能通过"学习"解决，所以我们才需要行动，需要持续的行动。

商业的竞争从某种程度上说是概念的竞争，商家通过制造概念，争抢社会关注，影响行业发展方向。有的新概念的确可以反映社会发展的方向，有的新概念就像迷魂弹一样，让对手迷失方向。这个时代最激烈的战争并不是硝烟弥漫的物理战争，而是悄无声息的认知战争。商家通过概念的慢慢渗透，影响、干扰竞争对手，不战而屈人之兵。

谁对概念把握不清，谁的定力不够，谁就容易在未来的斗争中跑错方向，从而付出惨重的代价。

掌握原理，建立框架，学会全面看问题

在积累了概念的基础上，下一步需要关注原理。原理是一种"高度确定"的事情，就是当你看到发生了什么，根据原理就能提前预知到，很有可能即将再发生什么。如果将很多原理放在一起，就能形成框架。框架可以复用，通过框架我们能够穿越不同的领域，做到融会贯通。到了这时，学习就进入了高阶阶段，而高阶学习既需要努力，还要有一些悟性。对于这种悟性，指导者往往很难直接手把手教你，更多的是一种涵养出来的结果。如果你早期的学习基础扎实，后一阶段的学习就会得心应手，如果你早期偷懒"放水"，到了高阶就会云里雾里。我尽量找到一些我们可以长期投入的基础工作，持续做这些工作，可以让我们尽可能多地涵养出学习的高阶本领。

要把一些稍微高阶的学习要点写出来，不是那么容易的事情，困难倒不在于表达，而在于虽然你能看懂每一个字，但是你可能无法体会究竟是什么意思。高阶学习技巧与心得体会，是建立在前期学习的基础上，是不断领悟得来的。如果直接写出来，一没有场景，二没有语境，三没有问题引导，理解起来就比较困难。因此，很可能每个字你都认识，但是却无法感同身受，无法应用自如。但是如果选一个例子展开讲述，就会有另外一个问题：你会觉得这个例子过于具体，难以变通迁移，又会跳过不看。

想知道梨子是什么味道，最好亲自尝一尝。想知道高阶学习是一种什么体验，最好自己学到那个阶段去。你只能使用属于你的段位的方法，远高于你段位的，你就只能看看，然后就会忘掉。

但是我仍然试图把这一阶段的学习心得展现出来，希望大家读后至少有初步印象。不过如果你看一遍发现什么也没理解，那也是正常情况，多行动、多体会才是正确的路径。

在目前的教育体系里，我们到研究生阶段以后，需要配备导师，还要进实验室，全身心地投入研究。到这个阶段，学习依赖大量的前期积累，还需要导师指导、做实验、项目团队协作等诸多复杂因素共同的作用。这就像炼金，要将很多材料加到熔炉中，才能把你炼成学习高手。

高手在面对问题时，会形成强大的直觉，形成"第一反应"。[1]你无法问他是如何知道的，他就是看到了，看到了就知道了。在我的读书社群里我会结合不同阶段的阅读内容，设计很多有意

---

[1] 关于第一反应，本书后续章节会讲到。

思的研讨题目,让大家去研究,以便大家更好地吸收理解。这些题目往往和现实生活紧密贴合,但又有一定难度,角度也很有趣。大家拿来练手,就会很有收获。于是很多人问我,这些题目是怎么设计出来的,还问我脑子是怎么长的。你说我能怎么回答?我说我是匠心独运,还是天生睿智?都不适合。这种本领肯定不是看几门教程就能培养起来的。在准备题目的时候,当我看到阅读材料,就能想到相对应的内容。

当一个人想到、看到了一件事情,有时候是来自顿悟,有时候是来自灵感,有时候是源于前期的积累,有时候是来自梦中的启发。这并不会有明确的流程图:因为我做了这三件事,你也做了这三件事,你就能达到和我一样的效果,这是虚假的,是骗人的。每个人的现状都来自过去的经历和思考的总和,学习要取得效果,就要让自己的经历和思考有新的变化。思考就像加热一大缸冰水,水不会热得那么快,但是得一直烧,持续投入。如果我们思考的深度和学习的经历没有改变,我们大脑的思考成分没有变化,也难以有新的想法。

我提醒正在阅读此书的你,这本书能带给你的启发绝对不应该来自我书上所说的话,我希望你能从心底认识到,学习越精进,越是一个立体全面的过程,会融入你全部生活当中,每一处每一秒都可能给你启发。

做好准备：沿着逻辑串联概念

（1）概念就是根据地。

概念学习像"圈地运动"，我们在广袤的知识大地上圈出一片地，然后盖楼，这就是学习的根据地。最开始，只能盖茅草屋，风一吹就散了，遇到火就着了。但是随着学习的推进，对茅草屋修葺加固，盖出砖瓦房，再变成小碉堡，成为牢固的知识堡垒。

于是在知识的原野上，我们第一次站稳了脚跟。假如我们五里一亭十里一岗，隔一段距离就建立起一座堡垒，连成一片就形成网络，就可以控制一片区域。每一座堡垒都是一个中心点，可以向周围不断扩大，从一座楼变成一个村，从小村庄变成中型城市，再变成大型城市。这便是学习的"星星之火"，最终形成燎原之势。

对于初学者来说，头脑空空，没有任何概念，就是没有自己的领地，这时候你就是新晋"北漂"，没有户口，没有房子，没有根基，只能做知识原野的流亡国王，朝不保夕。如果你没有拿得出手的本事，学习的第一步，就要建立概念，打下第一片根据地，巩固好，守护好。一旦有了自己的两三座城池，下一步需要思考的问题就是，城池和城池之间如何连接互通，连点成片。

生活常识告诉我们，城市间人员流动越频繁，区域间经济一体化程度越高，经济越容易发展起来。对于知识也是一样的道理，我们学习的一个又一个概念，进入脑海疆域，如果没有关联起来，只是孤立存在，一是容易遗忘，二是无法发挥作用。当我们积累了一定数量的概念之后，应该重点思考怎样让概念相互联系。

（2）建立概念的关联。

前面介绍了，概念和概念之间要形成网络。网络是由点和连接点的边构成的。点是概念，但是具体的边要怎么搭建呢？

概念之间的相互关联主要有两种方式，第一种来自学科里的自然逻辑，这些逻辑把概念串起来。事实上，更有可能的情况是，先有学科本身的知识逻辑，然后再归纳出概念。这就像种葫芦，先长出藤条，再结出葫芦。这些葫芦就是概念，串联葫芦的藤条，就是学科自然生长的逻辑。当你学习一个领域的知识时，顺着这根葫芦藤条的方向学习，就符合学习的自然规律，很容易把这些概念记住，也很容易学会。

也就是说，前人在学科开山的时候其实是没有这些概念的，更多的是在实践当中积累了一些经验，梳理形成规律性认识，包含概念、原理等指导性的理论，然后一步步往前走，形成逻辑链条。这些规律被写在书上，当成教材去传播、去教育后人，让后人可以直接站在前人的肩膀上前行。我们在学习的时候，其实是在摘葫芦，但是当你看到葫芦的时候，要记得由果及因，追根溯源，顺着藤条找到"根本"。

那么葫芦藤条生长的方向是由什么决定的呢？为什么逻辑方向是这样长出来的呢？植物的生长有趋向性，会向着阳光、背离地面生长。而知识的生长也有趋向性，会向着解决问题的方向发展。知识由问题驱动产生。为了解决一个又一个具体的问题，人们会从中总结出普遍性的规律，从而有了概念原理，并形成逻辑。而这些问题的解决方向又有一个大导向作为引导，就是增进人类福祉，让我们生活得更好、更幸福。我们在学习领域知识的时候要始终牢记一点，就是我们现在正在学的，是用来解决什么问题的。每一个学科会回答不同的问题。问题是学习进阶的核心驱动，这些内容会在后续章节展开介绍。

概念之间相互关联的第二种方式是迁移类比。这需要我们开启联想，发挥想象，天马行空，把可能看上去没有关系的概念关联在一起，形成既在意料之外又在情理之中的效果，给人留下深刻的印象。这部分内容将在本章第三节展开讨论。

获取原理：用问题牵引原理，驱动学习

> 这本书你已经看到第三章了，你还记得第一章讲了什么主题吗？
> 第二章在第一章的基础上，又讲了些什么呢？
> 第三章开篇，讲了概念的重要性，概念应该怎么学呢？
> 你准备把看到的这些内容，如何应用在自己的学习当中呢？

这几个问题，你不一定马上能答出来，需要往前翻看才能回答。这是我预期看到的反应，不知道我说得对不对。

我们在生活中可能都会有类似的学习体验，当别人教给我们知识的时候，我们一听就感觉自己学会了，但是当我们面对问题的时候，考一考自己，问一问自己，却未必能马上回答上来。这就是"道理我都懂，一做全不会"的困境。[1]在平常的学习当中，我们应该重点解决"一看就会，一做就错"的问题。解决的方法就是多向自己提问题。

前面说了，概念可以通过原理串起来，但是怎么串？我们可以通过问题来牵引。问题是黑夜里的明灯，是海上光芒闪耀的灯塔。当我们在茫茫的知识海洋中感到困惑迷茫时，寻找灯塔的方式，就是向自己提问题。一个好的问题，背后就包含着一系列的原理。或者说，只有基于某些原理，把概念串接起来，才能回答问题。

原理是可以反复应用的，在理工科里，以定理、定律的方式出现；在文科里，会以经验教训的方式出现。掌握了原理，我们就可以增进处世的智慧，就能提前看到事情的发展方向，比别人快一步。举例如下。

> 为什么打车软件上市的时候会发放许多优惠券？要回答这个问题，就要知道以下原理：
>
> （1）企业在市场上是要获得利润的。

---

[1] 关于"道理我都懂"这个话题的详细讨论，在《持续行动》一书第一章中有展开介绍。

（2）很多用户喜欢在当下占一点儿小便宜，获得优待，而不太在意远期得失。

（3）企业的最终目标是为了实现其战略目标，包括占领更大的市场，形成垄断，从而获得自由定价权，以获得更高利润。

假如我们理解了这些原理，我们看待一些社会现象的时候就会更理智。记得几年前打车软件刚刚出现的时候，商家会发放很多补贴，甚至出现了零元打车的情况。那时候很多人沉浸在便宜打车的世界里，于是纷纷唾弃传统的出租车，认为它们又贵又不好，只有互联网才能改变世界。现在，六七年过去了，你会发现，由于我们都使用同一款或者少数几款打车软件，导致打车的价格早已不是原来的低价格，补贴也基本没有了，甚至还被大数据"杀熟"。现在来看，当时的很多便利，其实更像是套路。套路的目的就是，先提供好处，让用户养成习惯，挤走竞争对手，获得大量的市场占有率以后再提价，从而获得前期投入的收益。

经历了这样一轮体验，现在再回头看前面几条原理，是不是有更深刻的体会？而假如事情再发生一遍的话，我们会不会更聪明一点呢？我相信还是会的。比如现在一些互联网公司又盯上社区居民买菜的事情，想故伎重演，但这次遇到的舆论阻力就比以前大很多了。

你觉得提问题更难还是回答问题更难？很多人会认为回答问题更难，其实提问题比答问题更难。提问引导方向，方向如果错误就会事倍功半。提问更像是目标的引导：我们想要什么？我们要到什么地方去？当我们回答好这些问题，目标出现，想办法调动资源完成，就是顺理成章的事情了。思考清楚我们要做什么，要比怎么做更重要。当然如果你一直没思考清楚，也是可以先做起来的，做着做着，想法就会明确很多。

一个悖论：我们喜欢"具体"胜于原理

（1）你喜欢"导览"还是"沉浸"。

在学习时，我们可能会遇到两种不同的表达方式，一种是"导览型"表达，一种是"沉浸型"表达。

"导览型"表达会告诉你很明确的路标，让你知道你到了哪里。比如这本书，每一章都会介绍我先说什么，然后说什么，最后还要说些什么。这种表达方式，其实是两条线索，一条是你在江中游；一条是告诉你，你在江中游，下一步到哪儿。随时随地提供导览，会给你很强的安全感，让你知道对方在说什么。

"沉浸型"表达并不会明确告诉你到哪了，而是让你融入某个场景中，沉浸其中，你就能理解。在影视作品里，很少会采用旁白来表达，更多的是通过画面、情节、动作发挥作用，让观众自行理解。比如，主角如果正在等待恋人的到来，这时候镜头可以给地面上掰下的花瓣或者掉落一地的烟头，而不是在屏幕上打出"他在等待"这种路标词。这个时候，如果出现了路标词，反而会感觉"出戏"了。

这两种表达方式的背后，其原理是什么？"导览型"表达，对于已经学会的人来说，沟通效率非常高。当看到一份材料，看到不同章节，就能知道其主旨，比如背景是什么，目的是什么，问题是什么，需要的决策点是什么。这种沟通方式，在内行人士沟通的场景中，更容易看到。因为大家已经建立了非常清晰的前提条件，可以直接在谈判桌上说事儿。

"沉浸型"表达更多地面对普罗大众，面对那些没有背景知识、不知道前提条件的人，他们需要更强的代入感。这时候故事是最有效的表达手段，利用故事激发情绪波动从而打动受众。受众在看到故事以后，产生情感共鸣，就像自己亲身经历了一样，也会得出结论，明白一些道理。人类传承的很多精神财富，并不是通过讲道理的方式传承下来的，而是通过讲故事的方式传承下来的。

（2）两种表达方式各有特点。

面对这两种方式，我们要怎么做？要取长补短，相互强化。在看到"导览型"表达的学习材料的时候，如果感觉信息量大、抽象性强而难以理解，那就需要做一些补充工作，增加感官体验，将其变成类似"沉浸型"表达的材料风格。

我曾经带领我的社群成员阅读保险学领域的图书，我们读了一本国内的教材《保险学》和一本美国的教材《风险管理与保险原理》[1]。教材是知识的高度归纳和概括，读起来会有些枯燥，尤其是对新入门的人来说。破解的方式是，如前文所说，我设计了很多结合生活实际情况的调研题目，再安排一些关于保险史的书搭配阅读。比如学到车险，我会问"私家车司机开'滴滴'遇到交通事故，保险公司怎么理赔"的问题，或者问"保险公司怎样应对自动驾驶对保险带来的影响"的问题；读到个人寿险赔偿金具有债务隔离功能时，会请成员设计一套债务隔离方案。同时，社群成员研究保险的发展历史，能理解为什么会出现不同类型的保险，这主要还是由于时代发展所催生的需要。把具体的问题和场景呈现出来，人们更容易设身处地地感知知识的作用，这样可以在一定程度上让理性抽象的知识更加鲜活。

于是有人会说，既然要让抽象的知识变得鲜活，为什么我们不直接去看故事书、科普书，这样不是更省事、更好理解吗？学习就是要学习事物本来的面貌，我们要学习知识，就要向领域专家学习。专家用什么语言表达，用什么方式思考，专家写出来的文字、说话的方式，是我们应该去学习的。

我们从教材里面看到的，就是这个行业里大家正常说话、沟通的样子。如果觉得学习有困难，那么需要改变的是我们。如果我们只想通过保持舒服的方式来学会新知识，那学到的往往都是变形的、变质的知识。所以可以往抽象内容里增加感知体验，这只是帮助我们更好地理解知识的权宜之计。要学会新东西，还得靠对抽象知识的学习和理解。

---

1 关注微信公众号"持续力"，发送关键字"书单"，查看具体信息。

我们再看第二种没有路标词的"沉浸型"作品。这类作品的特点是代入感很强，很容易"移情"并沉浸其中。但这时候不能随波逐流，只跟着故事情节往前走，这样很容易忘记，只是获得了情感体验。我喜欢看一些商业电影，尤其是有很多动作镜头的电影，虽然情节多是各种套路，但是画面精彩劲爆。不过我发现，如果我不去梳理和总结，这类电影看多了就容易把剧情和演员搞混，或者经常遇到已经看过又忘记的电影。如果我主动复盘梳理，简单总结每部电影的丰富画面、精彩情节、立体的人物性格特征、矛盾如何不断迭代深化等细节，就能看到编剧是怎样设计剧情矛盾的，画面采用了怎样的镜头来展现，以及导演为什么要这样拍。如果我们开始去思考，也就意味着我们在学习，这时候，又从"沉浸型"变成了"导览型"。有人可能会说，就是看一部电影，为什么要费那么多的脑力。别紧张，把这当成学习知识的练习就好了。如果养成了思考的习惯，可以随时随地学习。

（3）灵活应用"导览"型与"沉浸"型表达。

讨论完两种情况，现在思考背后的原理：我们的大脑天生喜欢具体的内容，而不喜欢抽象的内容。所以在学习起步的时候，要适当迎合大脑，但是又需要在迎合的时候刻意引导拔高。我们始终都在寻求平衡，既要在感官上容易上手，又要引入理论来提升水平。这样来看，我们的学习，其实也是在矛盾中进步的：抽象能让我们进步，但是我们又不能忍受抽象的痛苦。如果搞懂了这条原理，那么在以下具体应用上，就可以起到触类旁通的效果。

当我们面向内行讲话的时候，就多"导览"，讲"抽象"，讲原理，讲概念，但是我们面向大众讲话时就多"沉浸"，讲故事，讲"简洁"，讲"生动"。比如我国的"十四五"规划方案，网上可以找到完整文本，是一份非常规范的公文。这份规划对于协调全国各个部门推进落实工作是非常有价值的。任何在体制内工作的人必须学会这种沟通语言，如此沟通效率才会非常高。但是这种文字对于普通读者来说，就会显得非常官方，毕竟生活中的大多数人对这种相对抽象的表达没有很明确的概念。我们在生活中用口语化的语言来沟通，所以我们在媒体上会看到用图表、短视频等方式来简化内容，而且会突出数字的变化。这些经过摘编的内容，往往不需要费很多脑力就能理解。这样做的底层原理，就是我们更喜欢具体事例，不喜欢抽象原理。

一个人在刚开始学习时，可能喜欢看故事书、"鸡汤"书，里面会有"故事加金句"的内容，会获得一些启发。但是如果他在慢慢进步的话，这些书就无法满足精神的需要，无法提供高质量的思考，因为故事与结论有时候没有直接的关系，只不过故事会让我们读得轻松，我们很快就能感觉到自己看懂了。

一个持续学习的人，最终会寻求思想更丰富、让人有所思考的书。这些书的逻辑性很强，往往包含许多议论分析的内容，甚至可能读的时候有些费劲，但是嚼劲很大，回味性很强。如果我们学习的能力继续提升，可能还会习惯于看教科书、专业报告、论文，这会让我们的学习再进一步，因为我们已经涉猎到了知识的源头。

用好原理：从 100 个概念到 100 个问题

在持续学习中，我们除了要积累 100 个概念，还要进行自我演练，模拟回答 100 个问题。为了便于大家理解，我在这本书后面，附上了理解本书的一些问题。当我们回答了足够多的问题时，大脑会自动归纳出一系列的规律：

> 既然已经回答了这么多问题，这些问题有什么共同之处？
> 这些共同之处反映了什么样的逻辑和原理？
> 这些原理可以用在其他什么地方？

你看，这就是问题的巧妙之处，我在讲问题的重要性，但我是通过向你提问题的方式让你意识到问题的重要性。我并没有真正教给你什么，但是我却可以通过提问启发你，让你去思考。当你自己开始思考的时候，学习才算真正入门。如果我直接把知识讲给你，没有让你经过思考得出答案，虽然你学得很轻松，不花费多少力气就有获得感，但这些知识仍不属于你，因为没有经过你的大脑，没有被你的认知深度加工过。

你看，"通过问题引导你进行思考，让你主动想明白一件事情"算不算一条原理？那么这条原理可以解决什么问题呢，比如可以解决"怎样有效说服他人"这个问题。当你理解了这条原理的时候，你至少知道了一种说服他人的方式。

现在可以讲一讲到底什么是原理了。

原理就是解决一个又一个问题后，从背后抽离出来的规律。如果现象反复发生，具有很高的确定性，就能归纳总结出规律。一旦总结出规律，形成原理，下次看到这个问题的时候，直接用这个规律解决就可以了。**原理是我们工作的指导原则，是我们看待世界的处世规律。**

说到这里，你也许仍然很困惑什么是原理。没关系，如果你对原理仍然感觉一知半解，我们先从 100 个问题下手。在一个领域里，你尝试去积累 100 个问题，然后给出答案。通过回答这些问题，你就能慢慢理解原理在发挥什么作用了。

以我写作这本书为例，分析一下我问了自己哪些问题。

（1）这本书你要写给谁看？他们有什么样的画像特点？

（2）这本书你想要传达的观点是什么？

（3）这本书你打算分成几个章节？从哪些方面论述？

（4）这本书你会用什么样的风格来写？与前两本书有什么异同？

（5）这本书你打算用多长时间写完？准备什么时候出版？

（6）这本书你准备和哪家出版社合作？预计的销量是多少？

（7）写这本书你预计会遇到什么困难？用什么方法来解决？

看上去这些问题好像没有什么关联，但是认真想一下，这些问题都是围绕我的新书写作展开的。回答完这些问题，我能从中提炼出什么原理呢？

我先自问自答一下。

(1) 这本书你要写给谁看？他们有什么样的画像特点？

答：首先写给我社群的小伙伴看，我对他们学习过程中遇到的问题比较了解。然后写给对我有了解的读者看，最后是给图书市场中的广大读者看。他们的画像特点是，真正能持续学习，对学习有很强的自驱力，并且至少做到过100天以上的持续行动。从社群到读者再到市场，这样的属性会呈现由强减弱的趋势。

(2) 这本书你想要传达的观点是什么？

答：做好长期学习的准备，我们要持续学习一百年。而要做到这一点，就从最基本的"从学习到学会"的周期开始做起。

(3) 这本书你打算分成几个章节？从哪些方面论述？

答：学习周期的五个阶段，每个阶段一章。每章都会讲对应阶段重点要做的事情。

(4) 这本书你会用什么样的风格来写？与前两本书有什么异同？

答：第一本书和第二本书的风格有很大的不同。第一本书风格更像自己平时的写作风格，第二本书的风格更像在训练自己用另一种风格来写。第三本准备回归到自己在最佳状态下的写作风格。

(5) 这本书你打算用多长时间写完？准备什么时候出版？

答：主体结构写得快，一般半年就能写完，主要是内容沉淀与修改要花时间，计划在2022年出版。

（6）这本书你准备和哪家出版社合作？预计的销量是多少？

答：就看哪家出版社愿意合作了。销量的话，先确保社群中人手一本。

（7）写这本书你预计会遇到什么困难？用什么方法来解决？

答：写书的最大困难，主要是写作本身要持续一段时间，所以写到后面看前面，就会觉得前面不够好，于是又会想改。解决方法就是写的时候动作快一点，改的时候动作慢一点。

当我回答完这些问题，我就知道自己要做什么事情了，剩下的就是持续行动，做完就可以了。而回答这些问题，让我能够归纳或者明确的原理就是：

（1）写书优先给熟悉的读者看，因为你知道读者需要什么。但是不要去臆想读者，而是要相信自己的判断是有依据的。

（2）写作的状态仍然要以自己的最佳状态为主，即自己感到舒适的表达，往往可以成为最佳表达。

（3）想法明确了可以快一点写，但是在修改的时候，可以慢一点做。

掌握了以上原理，就可以形成写书的经验，指导自己后续的写作工作。但是，有一点很重要，我们在使用这些原理的时候，要知道原理成立的前提条件。这里关于写书，我总结了一些经验，但是这些经验成立的前提条件是，我有自己的社群，有一群共同学习的小伙伴,他们是我的固定读者,我们每天在一起学习,我能看到他们遇到的问题。这本书里的许多话题,也是由这些行动总结梳理出来的,于是成为这本书的基础。但是如果你是一名网络小说家,或者热门话题的写手,那你就不能完全按照我的这些原理来操作,你可能更需要关注当前市场上什么话题火热,你需要在最短的时间内把作品推出来,追一下热点。这时候你归纳出的原理,又会不一样了。

建立框架:框架是原理的"组团"出道

在学习中我们要学会建立和利用框架。什么是框架?你可以随便拿出一本书,打开目录,看看每个章节的标题。在同一个领域里,重复看10本同一主题的图书,你就知道框架是怎么回事了。一本书、一份报告、一篇文章,都会围绕一个主题展开,以及先说什么、后说什么。这些就会形成一个结构,可以理解为框架。

用生活常识打个比方。冬天要出门,我们需要做哪些事情?在北方,冬天家里有暖气,一般会穿得比较薄,所以要换衣服或者加衣服,要戴好围巾、帽子等,然后拿钥匙和手机,必要时带背包,还要看看里面有没有充电宝。如果打车出行,需要先叫车;如果自己开车,要去停车场开车。

出门的这一系列动作：换衣服、收拾东西、关门、下楼、上车，可以在不同的场景下使用。比如，出差住酒店，要从酒店出门，下班离开工位，也得有类似的动作。这些动作被概括起来，可以在不同的场合做相同的事情，确保自己能够顺利达到目标，这就是框架的作用。

当我们持续解决了许多问题，会把一类相似的问题统一用一套方式来解决，这样可以提高解决问题的速度和效率。随着时间的积累，可以形成各种各样的应对问题的框架。这就好像一个手表修理工，看到手表的问题，就知道自己应该采用什么样的方法去修理，而且都有专门的工具。**框架的学习相当于武装大脑**，对于我们在生活中遇到的很多问题，如果没有框架的武装，我们往往会用自己的第一反应来解决。而我们的第一反应往往未必能反映真实的情况。

我们的第一反应往往来自我们内心的偏见，或者一些奇奇怪怪的想法。比如，一讨论到为什么房价会很贵，有些人就会说因为有钱人在炒房。炒房也许是一个原因，但是如果想认真地思考这个问题，就不要用自己的第一反应或者所谓的冲动来回答，而是要尽可能从多个角度去分析。例如经济形势、货币政策、其他代替性投资渠道的情况、人口流动、社交媒体宣传，等等。如果这些因素都能考虑到，你的思考就会有自己的框架，会更加全面地看问题。而学会全面看问题，正是一个高阶学习者和一个普通学习者的区别所在。一个高阶学习者看到一个现象，未必会马上针对这个现象下手，而是先系统性思考这个现象的背后有什么原因可能没有被考虑到。思考现象背后的逻辑，会更容易解决问题。

那么框架和前面的原理又有什么不同呢？这是一个好问题。

原理可以理解为"一条原理"，就是一根藤条长出了一串葫芦。而框架就像一个架子，会把一些经常在一起出现的"原理"放在一起，从而整合成一个整体，它由很多根藤条交织在一次，最终长出了一大片葫芦。因此，框架就是原理的"组团"出道。

假如我们想理解更多的社会现象和社会问题，要做的就是扎扎实实学习不同学科如何解决领域里的问题，掌握足够多的解决思路。而问题往往会有相通的地方，解法也是可以相互借鉴的。这样一来，我们只要读不同领域的书，去看不同的解决问题的框架就好了。

下面分享两个用框架解决问题的案例。

（1）用营销学理论指导个人品牌建设。

我们社群在 2019 年学习营销学的时候，看到营销学里的"4P"理论。这个理论在本书前面也谈到过。"4P"就是产品、价格、渠道、促销四个方面，是一个非常有用的框架。营销解决的是怎么卖东西的问题，学习者就需要从这四大方面入手。那么怎么去应用呢？

现在，有关个人品牌的话题非常火热，很多人工作不做了，辞职做个人品牌。个人品牌就是把个体当成产品去推广，通过获得品牌效应来降低获取客户的成本。市面上有很多人教别人打造个人品牌，而且价格不菲。有的人甚至通过教别人做个人品牌，从而打造了自己的个人品牌。个人品牌到底做的是什么呢？其本质就是"个人+营销"，就是个体户创业，我们把"4P"理论里的产品、价格、渠道、促销结合起来，就能看清楚了。

个人品牌，对应到营销里的产品就是个人，就是你的形象、标签、人设、产出等供他人知晓与传播的信息。价格是什么呢？就是产品的售价。如何打造个人品牌，往往需要有代表作品和付费内容，如书、课程或社群等。每种产品有不同的价格。价格明确以后，剩下的就是找营销渠道和做促销了。

"渠道"就是在哪里把产品卖出去。这就涉及怎么去寻找需要我们提供服务和产品的用户。有的个人品牌创业者，以教别人写作或者做PPT为生，这时候要做的就是找到那些对于学习写作或者学习PPT有需求的人。这些人往往是刚毕业的大学生或者职场新人。在哪里能找到目标群体并且影响他们，是"渠道"要考虑的事情。我们可以在线下找，也可以在线上找。而在线上，比如互联网上，就离不开商业平台。

平台就像一个菜市场，你要卖菜，得找人流密集的菜市场，这样菜才容易卖出去。微信公众号、视频号是平台，微博、快手、抖音也是平台。你在上面生产内容，通过平台分发内容，从而获得关注。商业平台本身也要发展，也要获得用户，也要从用户身上赚钱。如果你和平台能互相帮助去赚钱，那么你的个人品牌就有做大的希望。

"4P"营销的第四个"P"就是促销，促销讨论的是怎么推动用户购买，这里面又涉及运营的工作。比如你想打造个人品牌，就少不了要做一些抽奖的活动、直播送福利的活动、优惠券打折的活动，通过这些活动去激发大家购买你产品的欲望，甚至利用冲动购物来实现销售增长。

为了验证我的推论，我去听了一些业界比较贵的个人品牌课程，发现他们讲授的内容，基本上就是围绕"4P"这四个方向，演化出了许多教学内容。万变不离其宗，这些数万元甚至价格更贵的个人品牌课程，其实说到底都以营销学为核心，再加上一些新潮名词术语作为修饰。如果你自己会学习的话，利用已有知识做推理，也能设计出这样的框架，甚至你也可以出去销售课程。

下一次你要卖东西，就可以按照营销学里的"4P"框架来梳理，这样至少能确保你的工作会相对全面一些。

（2）管理学"四大金刚"的巧用。

管理学是我们社群在 2020 年共同学习过的一个主题。我们决定学管理学的时候，有人振振有词地说："我反正一辈子也不打算做管理者，所以不需要读管理学。"我们也许在职场中不用做管理，但是我们要管理自己的生活，管理自己的家庭，管理自己的财务，管理自己的健康。这些其实都和管理有关，管理学既是学问，也是思考问题的方式，并不是说只有在管别人的时候才用得上。当然，管理学在你被人管的时候也能用上，至少老板会认为你是一个好管的人。

管理学有四大功能模块，我称之为"四大金刚"：计划、组织、领导、控制。计划就是确定你要干什么事情；组织就是你要组织什么样的资源去完成；领导就是对人的激励，包括遇到困难的时候怎么让团队成员干活儿更有劲；控制就是关注活儿干得怎么样，有没有完成目标。

仔细思考这四个模块，你会发现，只要涉及"管理"的都可以用来套用。

学习算不算一个管理的过程？学习就是要管理我们的知识，那么"学习管理"就是要把管理的框架与学习结合起来。学习之前先要做计划，明确要达到什么样的目标，要学出什么样的成果；做完计划就要组织资源去完成，包括投入时间、精力去学习、练习和复盘；在学习过程中遇到问题，需要进行干预，给自己加油鼓劲，这就是领导；最后学的效果怎么样，需要衡量学习目标有没有达成，这就是控制。

通过这样一个"计划、组织、领导、控制"的框架，我们马上就能把怎样学习的思路整理出来。如果你看完这本书，也能看到我在用同样的思路组织这本书的结构。

我们可以向前推一步，如果后续我们看到其他带有"管理"的词，其实都可以做类似的拆解。比如，时间管理、情绪管理、成本管理、营销管理、团队管理，都可以从"计划、组织、领导、控制"这四个方面来思考并着手进行管理。

另外,框架和框架其实可以再拆解与碰撞。比如营销管理,我们已经讨论了"4P",即产品、价格、渠道、促销,再加上管理学的"四大金刚",即计划、组织、领导、控制,那么就有:

营销管理

=(产品+价格+渠道+促销)×管理

=(产品+价格+渠道+促销)×(计划+组织+领导+控制)

这个式子是什么意思呢?如果我们在初中数学课上没睡觉,那么就应该知道多项式乘法$(a+b+c+d)(e+f+g+h)$是怎么计算的。左边括号里的产品、价格、渠道、促销,每一项都要乘以管理,于是就有了产品管理、价格管理、渠道管理和促销管理,而每一项里面又都会有关于计划、组织、领导、控制的问题。在每个具体环节里,会有不同的"具体问题"要具体解决,所以虽然未必都叫"××管理",但是按照这个框架,是能梳理清楚的。

我们可以看看自己在公司里,是在哪个流程的哪个岗位上,对标一下自己的工作,是不是更能理解自己的职业发展方向了?比如,如果你是做研发的岗位,那么你做的可能是产品管理里的产品研发工作,而这包括产品需求管理、产品功能管理、产品质量管理等。而你的产品怎么研发,可能又会和定价、渠道、促销的需求有关。有了框架以后,你会看到更全面的图景,而不是拘泥在研发的一亩三分地里。这也是提前远离中年危机的好方法。

寻找框架：吸收各领域里的经典知识

我一直有个信心，我们在生活、工作和成长中遇到的问题，大都能在某个领域里面找到现成的框架，直接套用或者借鉴就可以解决。不要以为我们遇到的问题有多么特别，我们越是普普通通，越是平平凡凡，遇到的问题和困扰越是同质化，也越能从各种学科智慧里找到强大的武器来解决。

（1）成长的问题在学科里找答案。

我运营个人成长类社群好多年，发现许多被困在原地的人，面对的问题是高度相似的：要么就是眼高手低，想得多做得少；要么就是完美主义，无视做事要付出的代价；要么就是拖延、犹豫，不敢承担责任；要么就是遇到困难马上退缩，害怕失败……

接触了那么多的案例以后，我发现，人类在成长道路上面对的困难的表象也许会有不同，但是问题的底层却有很强的相通性。那么要怎么来解决比较好呢？授人以鱼固然好，授人以渔才更香。我采取的方案是，引导社群成员直接上手，阅读和学习各个领域的知识，了解各个领域解决问题的框架，为自己所用。经过这几年的实践，我发现这种方法的确是一种非常有效的学习和实践方法。

如果你有关于职场上的问题，例如怎样才能把工作做好、怎么配合好领导与同事、怎样晋升，你可以学习管理学，从管理视角看一家企业要怎么运营，上下级要如何沟通才能卓有成效；你也可以学习组织行为学，可以了解从一个人到一群人，组织在组建、磨合、运行、解散等不同阶段会有什么特点，了解了这些将有助于提升个人职场竞争力。

关于个人成长的困惑，你可以学习社会心理学，这门学科里有关于我们自己的知识：如何认识自己、如何认识自己与周围人的关系、我们的判断容易犯什么错误、我们的心理活动有什么特点。了解了人类在认识自己的路上做了哪些工作，并有什么结论，再看自己的困惑时，就会清晰很多。

关于如何学习，你可以学习认知心理学以及教育神经科学。这两个学科对人脑如何进行学习的原理，进行了深入的分析。记不住知识怎么办？看了不能理解怎么办？怎样学习效果好？如何解决困难的学习问题？如何利用大脑的规律提升学习效率？这些问题的答案都能被找到。

还有关于理财、关于英语学习、关于人际关系等的问题，其实都能找到不同的学科领域进行研究，这些学科里面有很多框架都能被用到。记住，每一个困扰你的问题，都可以找到不同的框架来借鉴和解决。只要花一些心思去找到这样的框架，研究并加以应用就好。

（2）自己动手，效果最佳。

对于遇到的问题，最好的解决方法就是：自己动手解决。这需要一些时间和精力，要有耐心，不要总想捡现成的答案，不要有偷懒的思想，不要总想指望外界的力量。外界的力量在很多情况下能帮助我们，但是如果我们不能独立自主地承担自己在学习与成长中的责任，最终还是难以独立行走。

寻找领域框架，还有一个好用的技巧就是查找不同领域里的认证类考试大纲。这些考试大纲可以快速帮你明确这个领域里的基本框架。把考试大纲当成学习材料，未必需要你真正去考试，但是可以学习考试大纲组织每个领域知识的方式。比如，管理学里有一个项目管理的认证考试（PMP，Project Management Professional），这个考试就会把需要做好一个项目的知识拆分成五个过程组，并且从十个方面组织知识要点。我们在工作中如果做事情没有思路，就可以借鉴 PMP 组织知识的方式，并将其运用到自己的工作中。

当我们积累了许多领域里的框架，又能灵活运用它们的时候，就会慢慢掌握学习的"吸星大法"，看到好框架、好思路，很快就能学会相关知识。

借鉴迁移，做有创造性的高阶学习者

最开始，我们老老实实学习不同领域的知识，跟随前人的脚步前行，等积累了一定经验以后，往往会产生不同的想法。这是因为大脑已经开始把不同领域的知识相互关联，形成了不同的想法。这些想法，如果由别人提出来，你一看就懂，感觉很容易，但是如果要自己主动想到，往往要下一些功夫。这时，我们一般会说，这样的人有一定的创新力。但是创新的一个重要前提就是能够借鉴迁移，可以触类旁通。

追寻本质：事物之间是普遍联系的

我运营的读书社群，在每个周末的清晨，会组织大家集体学习，由我对这一周的读书内容进行讲解，并点评大家的作业。我会从书上的一个知识点展开，延伸拓展相关联的一些案例，以此针对书中的思路举一反三，帮助大家扩展思路。在我做讲解的时候，经常遇到一个有趣的现象。每一期读书活动在启动时，都会有新同学加入，他们听了我的讲解，总会给我提建议，让我不要跑题。收到建议我当然很开心，毕竟大家希望听到更好的内容，但是对于跑题的评价，我认为不是很准确。反而我会认为，新同学的读书思路没有打开，视野不开阔，没有用一种普适的、关联的视角，看待知识的关联性，可能只是认为我讲了几件毫无关联的事情。出于好心，他们匆忙来提醒我。

前面的章节介绍了概念和概念的关联，这种关联更多指的是强关联，是逻辑上的先后推论。在这一部分，我想介绍的是弱关联，或者说是看上去没有关联的关联。事物是普遍联系的，这是马克思主义哲学的基本观点。我们要善于在那些看上去没有关联的事物中发现关联，而这种能力对我们进入高阶学习阶段是非常有帮助的。

很多事物看上去相互之间没有关系，这只是因为我们视野有局限性，认为二者没有关系，但是实际上从某个维度上说它们又是可以关联上的，这种看上去无关其实有关的情况，值得注意。小时候，我对一个成语故事印象特别深刻。

> 一座城外的池塘里有一些鱼，它们过着快乐的生活。有一天城门着火了，池子里有一条鱼说："完蛋了！我们危险了。"别的鱼就问："城门着火，跟我们有什么关系？"这条鱼说："人们为了救火，会把池子里的水舀干啊"。所以有一个成语叫作"城门失火，殃及池鱼"。

城门失火，虽然不会把鱼直接烧死，但是引发的相关事件，最终让鱼遭了殃，这就是这个世界的普遍关联性。在复杂系统里还有一个词叫作"蝴蝶效应"，指的是在复杂系统里，微小的扰动，最后都会影响整体大局的变化。墨西哥的一只蝴蝶扇动翅膀，会引起太平洋上的龙卷风，最终影响大洋彼岸国家的天气。

世间万事万物相互联系的方式，有时候会超出我们的想象。尤其是全球化的时代，我们通过网络与世界联系更为紧密，更容易受到各种不同扰动的影响。因此，在学习的时候不要束缚自己的思路，可以刻意展开想象：那些你本以为没有关联的事情，能够怎样相互关联起来，能否给你一些启发。在我看来，很多奇思妙想，恰恰就来自那些我们平常认为完全毫无关联的要素的整合。在我自己的学习生活当中，我会积极主动地探索，把一些看上去不相关的事情放在一起，看能不能带来一些新启发。下面列举一些我的学习经历。

案例一：计算机与英语口译

我在读大学的时候，喜欢英语口译，也考了口译证书。在口译学习的过程中，我发现了一个学习痛点，很多口译培训课程做的事情就是"做练习—讲练习"，但是归纳总结方面的内容不够多，缺乏举一反三的训练。学生往往是练熟了一段口译材料，一旦换成新内容就驾驭不了了。我是学计算机出身的，对软件程序设计，尤其是输入、输出、处理等计算机体系结构的知识非常熟悉。在编程中，我们要教计算机做事情，就要把具体每一步都设计清楚。于是我

> 借鉴计算机专业知识，结合我的口译练习体会，梳理了一些关键点。当我把口译的关键技能拆解以后，然后逐个进行专项训练，练习效果非常好。我写了一些文章，提出了一些见解，得到专业口译员的认可。在七八年前刚刚开始运营微信公众号的时候，我发布了一些关于英语和口译学习的文章，也受到了不少口译学习者的欢迎，因为我所提供的视角，解决了许多人学习的痛点。

看了这个例子，你也许会说，这不就是跨界吗？很多人在打造个人品牌的时候，喜欢给自己贴一个标签，标榜自己"跨界"，但是我希望我们不要养成这种贴标签的坏习惯。是不是"跨界"并不重要，重要的是能够持续在看上去无关的领域之间，找到一些关联。

这种关联有时候在外人看来是毫不相关的，是"跑题"的，但是是否相关，取决于个人的格局和视野。如果一棵大树上面的两片叶子，一片在顶部，一片在底部，可能有人会认为这两片叶子没有任何关系，但是我们站得远一些、把视野放大一些，就会发现两片叶子其实长在同一棵树上，是有关联的。有时候树太大了，而我们又恰好生活在树上，意识不到树的存在。持续学习可以拓宽我们的视野，让我们认清事物之间有关联的真相。

这个世界的关联性往往超出我们的想象，尤其是新冠肺炎疫情爆发以来，全人类的命运紧密联系在一起。全球 70 亿人，也是通过"六度关系理论"来相互连接的，你最多通过 6 个人就能够和任何一个陌生人建立联系。那么知识是不是也有类似的情况？看上去完全不相关的知识，其实都可以串联起来，而且我们在人生不同阶段所学习的知识，也会穿越时空串联起来。所以我们只管持续行动、持续学习就好，最终这些知识都会关联起来，为我们绘出一幅美丽的画卷。

再举一个专业领域的例子。

案例二：网络安全与认知防护

上大学时，我对网络安全尤其是攻防技术方向很感兴趣。攻防技术中核心的一点是，入侵者利用系统的漏洞或者缺陷来入侵，而这种漏洞或者缺陷的存在，在很多时候来自人的主观错误，或者来自整个系统设计中的薄弱环节。如果要确保网络空间的安全，就像要守住一栋大楼一样，不能让入侵者进入，于是我们需要采取一系列措施，例如加固门窗锁、做好人员出入管理，还要安装摄像头和防盗系统，甚至还要把下水道、空调通道防守好。

一个很厉害的入侵高手或者所谓的"黑客"，就是要在这种成体系的防护形势下，寻找到那个杠杆率最高的切入点。所谓杠杆率最高，就是花较小的力气，获得最大的收益。"牵牛要牵牛鼻子"，在网络攻防中，敌方往往不会去正面对抗，防护得最好的地方未必是敌方的重点目标。相反，敌人可能会通过迂回战术，寻找纰漏的蛛丝马迹，潜伏进入，最终达成目标。

这就像我们在很多电影里看到的，有栋大楼发生了爆炸，当警察与消防队员封锁现场冲进去救火的时候，引爆大楼的犯罪分子可能正好穿着消防员服,从一片慌乱中混出了大楼。

学习这些网络安全的知识对我们有什么启发呢?有两个方面。

(1)保护我们的认知安全。

如果把人的大脑比作信息系统,那么是不是也有人想入侵我们的大脑,让我们相信一些对我们有害的理念?从这个角度分析,当我们接收一个信息后,不应该毫无思考地全盘吸收,就好像一家公司的员工不配备门禁卡,谁都可以进入一样,那样容易造成公司财物的丢失。

借鉴网络安全知识的启发,我们要对进入大脑的每一个观点做好安全检查。也就是从这个角度,从2014年开始我通过写作的方式去梳理自己内心的想法,把一个个观点拿出来拷问自己和重新梳理。就像一栋大楼的保安一样,对每个要进来的人,检查他到底是不是这栋大楼的员工,是不是有足够的权限进入。

经过一年又一年的练习,这样做的好处开始显现。一方面,写作能力有所提升,你看我都写到第三本书了。另一方面,自己的洞察力、分析问题的能力也大大提升,对事情有了自己的看法,并且不害怕压力与别人的否定,能坚持和迭代。这时我发现,当安保级别加强以后,整个内部区域都是非常安全的高可信任区域。每一个理念在进入大脑时,都是经过审慎思辨的,更不容易被人"洗脑"。而一旦有了自己的想法,我们会自主学习。而假如在一个区域里面,每一个人都相互熟悉,如果来了一个入侵者,会很容易发现他，并及时驱赶他。借助网络安全的概念，我们可以构建起认知的免疫系统，时刻保护大脑的认知安全。

（2）用最低成本塑造社会认知。

很多人在做市场营销、推广产品、增加销量的工作，其实做的就是"黑客"的事情，要入侵别人的大脑。

上面提到，每个人的大脑就像一栋大楼。有的大楼是没有防卫措施的，可以随便进入；有的会有一些简单的防卫措施，比如大楼前面竖一个稻草人，吓唬一下小鸟；而更少的人会做认知防卫，还有认知武装，就像有人拿着枪站岗一样。

营销要思考的问题就是，可以通过什么样的方式进入尽可能多的大楼，即让一个理念进入尽可能多的人的大脑里。这就是所谓的"品牌传播"，当一个理念植入了很多人的大脑后，人们熟悉它，就会产生信任，慢慢触发购买行为。你在网络上购物，假如见过一个牌子的广告，而其他牌子你又不了解，那么你购买这个牌子的产品的可能性更大，因为你熟悉，熟悉就会有安全感。

现如今很多网络上流行的观点，都是采用这样的方式慢慢影响网民的。比如网络上有人倡导消费主义观念，一些自媒体通过编撰炫富、暴富的故事，让事业刚刚起步的年轻人感觉自己一无是处，产生身份焦虑，再进一步让他们相信通过借贷实现超前消费，才能让自己的身份不一样。

有些话术是经过专业人士精心设计、编排并组织好的，再通过广告投放的方式大规模地进行宣传，经过一番狂轰滥

> 炸以后，在市场上才产生了一些涟漪。于是渐渐有人成为这种观点的卫道士，积极摇旗呐喊，最终让很多不善于思辨的读者受到影响。
>
> 网络空间有黑客，认知空间也会有黑客。他们用最低的成本持续发声，不温不火地影响着你。而如果你没有非常高的警觉性，并不会知道你的认知大厦里已经混进了敌方的卧底。

以上分析就是把网络安全这个领域里的一些知识和理念借鉴迁移到我们的认知防护以及营销上。所以你看，当掌握了一个领域的知识后，再学习第二个、第三个，一旦建立了关联，是不是就很容易上手和理解？为了帮助大家理解，这里继续举一个例子，这个例子和工作有关。

案例三：编程与工作流程设计

刚参加工作的时候，我需要做一些生产流程设计工作。为了达成一项业务的目标，我需要协调不同部门、不同岗位的人协同工作，设计出工作流程，并形成一项制度。最开始我有点儿犯难，因为要完成一件事情，涉及很多方面，谁先谁后经常不容易搞清楚，最后我是怎么破解这件事情的呢？

当时我想到了另外一个我更擅长的事情：编写计算机程序。程序员在写程序的时候，需要用代码来实现算法，让计算机跑起来。算法做的事情就是根据一定的规则，在计算机内存中搬运数据并且做相应的操作。而编制程序，就是管理计算机的工作。

> 同样的道理，制定生产流程，其实就像把人作为个体进行编程：让谁在什么时候完成什么事情拿到什么结果，这个结果完成之后，下一个人要做什么事情。把这些全部梳理清楚后，流程就出来了。这样就变成了一个我非常熟悉的编程问题，而唯一的不同在于，要把原来的"程序处理数据"换成由人去做什么事情、什么时候提交结果。
>
> 很多人说，有些程序员只会"做技术"，而不会"做管理"，其实并不是不会管理，可能只是忘记了"做技术"里的算法、数据、业务、性能等方面与"做管理"的计划、组织、领导和控制等要素之间的关联性。只要能把这种关联对应起来，迁移过去，举一反三，做这件事情就会非常容易。而程序和人的差异就在于，人的情绪会对工作起到加持或者干扰的作用。所以在编排计划的时候，要考虑这个重要因素。

打通了技术与管理的界限，就不太容易对管理工作产生偏见，而很多程序员面临职业发展上的一个瓶颈是，前期在技术研究上投入大量时间，但从结果看，技术并没有达到足够领先，同时又疏忽了管理上的精进。随着年龄增长，体能下降，"老"程序员加班加不动的时候，就会输给更年轻的程序员。而这个时候本来是需要依靠技术洞察、管理协调能力，组织年轻人办成一件又一件事情的时候，但由于他们没有技术之外的软技能，因此出现了职场瓶颈，也迎来了中年危机。

其实除了现代社会的知识,如果我们了解历史知识,善于迁移,历史知识也会带给我们足够多的启发。最后再分享一个和我们现代认知相关联的历史故事。明史当中有一个叫作"夺门之变"的故事,这个故事与我们现在的认知有什么联系呢?

案例四:"夺门之变"与"包生男孩"

人物信息:明英宗朱祁镇(哥哥)、明代宗朱祁钰(弟弟)、若干大将。

故事概要:哥哥打仗输了,当了俘虏,弟弟临时当了皇帝。等哥哥回来的时候,弟弟当皇帝当上瘾了,不愿意让位,囚禁了哥哥。哥哥在一帮人的帮助下,趁弟弟病危,把皇位抢了回来。

故事详情:明英宗朱祁镇于正统十四年(1449年)受其老师王振怂恿,带二十万大军出征,与蒙古军队作战。结果明军溃败,朱祁镇被俘,历史上称为"土木堡之变"。蒙古军挟持皇帝作为人质,向明朝提出各种要求。国家危难时期,明英宗的弟弟朱祁钰被众臣推举为皇帝,成为明代宗。

蒙军看到朱祁镇已经不是皇帝了,没有太多的利用价值,经过一番周折,便把他放了出来。而本来只是临时被推举为皇帝的弟弟朱祁钰看到哥哥回来以后,也没有要退位的意思,反而把朱祁镇囚禁了八年。于是,景泰八年(1457年),明代将领石亨、政客徐有贞、太监曹吉祥等人就谋划了一场政变,帮助朱祁镇"复辟",夺回了皇位。之后,这几位将领都获得了荣华富贵。

但是几年之后，朱祁镇才意识到一个问题，他被人占了便宜。因为在政变的时候，他的弟弟朱祁钰病危，而且朱祁钰并没有儿子，唯一的皇位继承人，是朱祁镇不到十岁的儿子。就是说，即使他什么都不做，皇位也本来就是他的。虽然他已经被囚禁了八年，但是只要再等一等，就能坐着捡回皇位了。

而"夺门之变"的出现，石亨等大将只是帮朱祁镇拿到了一个他本来很快就能得到的东西。但这样一来，将领石亨之辈就显得很有功劳，毕竟是经历了一次政变，朱祁镇才重新取得了皇位，朱祁镇自然会感激并且给他们封官晋爵。但其实，这只是一次投机行为而已。

看到这里，你会说，学习这样一段历史知识到底有什么用呢？只不过是一个故事情节而已。如果你认为没有什么用，这里的内容跑题了，那么接着看下一个案例。

有一个传统骗局——包生男孩，无效退款。网络上有人会出售这样的秘方，秘方是什么并不重要，但它可以让人做很多无效的事情，比如每天早上起来后朝着东方磕五个头，这样保证生男孩，如果无效可以退款。最终，如果生的是男孩，钱就归他们了，如果没有生男孩，就把钱退给对方。这个看上去是不是一个很守信用的规定？

其实这就是一个骗局，这个骗术的真相在于生男孩的概率本来就是50%。无效退款只是把生女孩的人家的那50%概率的钱退回去了，但是骗子依然可以赚到另一半概率的钱。而骗子根本不用做任何事情，如果被骗者真的生了男孩，和秘方并没有什么关系，骗子就是趁机捞了一笔钱。你想想看，这和"夺门之变"是不是有异曲同工之处？本来就是属于你的，有人从中作梗蹭到了热度，占了你的便宜，你还要感谢对方。

如果我们学过历史，再对比现在的场景，会发现有一些经典骗术其实很早就有了。通过学习历史，我们至少可以将历史里的故事与现在的常见骗术联系在一起，可以更好地理解两个不同领域的知识，这就是学习的作用。学习可以让我们将不同领域的现象构建起横向关联，在下次遇到类似情况的时候可以举一反三。

再比如2020年2月，微信平台开通了视频号内测功能，当时还是随机开通，没有固定规律。很多人希望自己能先开通，抢先发优势。当时市面上充斥着大量教人如何开通视频号的内容，比如"3000块钱帮你开通微信号，无效退款"，就是声称收了钱以后，可以帮忙运作，保证一个月之内用户可以开通视频号，否则无效退款。

这个骗局其实和"包生男孩"是一样的骗局，因为微信平台本身就在不断、随机地给用户开通视频号。也就是说，骗子收了钱，并不会找微信运营商去开通，而是坐在那里等，也许一周后客户的视频号就开通了。如果开通了，其实是客户自己的运气好，而不是骗子的功劳，骗子只是纯粹地把钱收走了。

以上三个案例分享了在学习中找关联的一些方法。而在平时的学习中，我们要自己动脑去发现关联。假如我们和一个比自己厉害的人一起学习，他在和我们交流的时候，脑海里会把很多事情关联在一起思考。他的知识储备量和视野都超过我们，有时候讲的话，我们未必能理解。如果不想感到被碾压，有人就说他跑题了。如果是我，我不会轻易认为对方跑题了，而会想一想他这样讲有没有我没考虑到的地方。这就像是与高手下棋，对方故意让棋子给你，你还以为对方下错了，其实高手比你多考虑了几步，只是舍弃几个棋子，然后就赢了你。

如果一个人的发散性思维很强，我们会说他"脑洞大，这也能想到"。脑洞大不大，是很好的交友指标。如果你和一个人聊天，你说上半句对方能跟上下半句，你们往往会是"心有灵犀"的朋友，这叫"能接得住梗"，这样的沟通效率会非常高。

我们通过"心有灵犀"的方式识别出可以成为朋友之后，马上就可以分享各自独有的经验，这些内容可以加强我们与同伴之间的关系，交换我们各自不知道的信息，实现"1+1>2"的效果。这是高效交朋友的方式之一：有共同语言，能接得住梗，相互补充不足，共享信息，这样才能互通有无，共同成长。如果你会学习，就会发现，你也不会缺朋友。

事物是普遍联系的，不要限制自己的想象。

一个利器：用"隐喻"训练自己的学习本领

经常有人问我，你是如何把两件看上去完全没有关系的事情，关联在一起的呢？这个问题很难回答，因为看见了，就知道了。

（1）用熟悉理解陌生。

看到一件事情，就想到另一件事情，这和联想能力有关。如果要提升自己的联想能力，有一种训练方法：**隐喻**。隐喻就是借用一种自己熟悉的体验，来理解另一种不太熟悉的体验。换句话说，隐喻架起了熟悉与陌生的桥梁，将自己熟悉的体验扩展到新的领域，用别人的知识体系训练自己的学习本领。

先来介绍类似的"比喻"。根据本章分享的知识点，学新知识，需要先查"概念"。

> 比喻是一种常用的修辞手法，用和甲事物有相似之处的乙事物来描写或说明甲事物，是修辞学的辞格之一。[1]

在比喻里，有"明喻"，就是把 A 比作 B，比如十五的月亮像一块大玉盘。这时候，通过"像""仿佛""宛如"等修饰词，我们就会知道作者是在直白地进行比喻。

"隐喻"也是比喻的一种方式，但是形式却更具隐藏性。隐喻会

---

[1] 可在百度百科搜索"比喻"词条。

直接把 A 当成 B，这时候明确的比喻词就不见了，会直接把 A 和 B 放在一起，比如"时间就是金钱""争论就是战争"。我们看以下案例。

> 争论是一场战争，你向我发起了进攻，我回击了你的言论，你用更猛烈的火力继续进攻，我已经修筑好坚固的堡垒。在持续交锋中，我发现了一个破绽，向你发起了反攻，你无力招架，最终我获得了全面胜利，吹响了胜利的号角。

在这个表达场景中，我们讨论的主体对象是"争论"。争论就是两个人吵架或者对一件事情的看法出现了争执。而"发起了进攻""持续进攻""修筑好坚固的堡垒"这些动作，是一场战争中所固有的现象。在争论当中，我们其实没有真正做"发起了攻击""持续进攻"这样的动作。在争论里所说的攻击，是提出观点，既可以抛出新的论点，也可以用来反驳对方。在这个案例中，把战争里的那套语言体系用在对争论的表达上，而我们对战争的理解，也被带入对争论的理解，这就是隐喻的作用。战争是你死我活的斗争，而争论只是"吵嘴"，但是通过隐喻，可以把两个不同领域的认知嫁接到一起。

在日常语言中，我们会频繁使用"隐喻"。我们会说"亲情的温暖""爱情的炙热""敌人的冷酷无情"。你看，亲情、爱情以及无情，其实是说人和人之间的关系状态，但是在习惯表达上，我们采取了用"温度的方式"来表达人与人之间的关系，而温度是我们体验到的、经历过的感觉。温度高，我们会感到热，所以会用"热烈""热情洋溢""热忱"这类词表达关系的亲密度。温度低，我们会用"冷酷""冷血""冷若冰霜"这类词来表达关系的距离感。这样一来,我们就把冷热的感觉迁移到了人与人之间的关系上。

隐喻的核心,就是用一个我们已经熟悉的概念体系解释一个新的概念。即使一个人不读书不看报,他也会有生活经验,所以来自生活经验里的概念,往往会被用在语言当中,成为隐喻里"熟悉的概念体系"。比如前面所说的争论与战争、关系与温度。自人类出现以来,战争绵延不断,世界难以赢得持久和平。关于战争的概念,人类在进化当中有切肤之痛,所以在我们的语言体系中,在发生冲突或者引发争议的时候,往往会借用"战争"作为隐喻。

(2)隐喻影响认知。

如果你想让他人快速理解一个概念,"隐喻"是很重要的方法。隐喻的本质是利用我们熟悉的事情,解释我们不熟悉的事情。而来自生活中的实体物品、动物植物、前后方位,都是我们熟悉的内容。有一条基本规律就是,越是使用我们在生活中看得见、摸得着、能感觉到的东西,越容易理解,越容易引起共鸣。所以在商业社会里,商家在选择品牌名称或者形象符号的时候,往往会选择水果、动物或文化符号作为商标,因为这些让人印象深刻。而印象深刻的原因就是我们在生活中经常会看到或者接触到,于是理解成本会更低。

遇到新的概念,可以用熟悉的概念来表达,而选择用什么样的熟悉的概念表达新事物,会给我们不同的感觉。刚刚说了,争论是一场战争,战争双方拼的就是你死我活,所以你能感受到争论的剑拔弩张。假如我们把争论看成是双人舞蹈，那么会出现什么情况？双人舞蹈就是通过肢体动作与观众沟通、表达思想。在双人舞蹈中，你需要与舞伴合作，共同完成表演。对比两者会发现，构建争论与舞蹈的隐喻，火药味就小了很多。双人舞蹈是为了共同表演，争论不也是为了达成一致意见吗？一旦我们选择了以"舞蹈"为隐喻，我们再看"争论"就会有不同的感觉。由此看来，隐喻会直接影响我们对事情的认知。

本章开篇介绍了概念陷阱。很多人把人生当成一场考试，这就是掉入了概念陷阱。将"考试"作为对人生的隐喻，人生就会有一个"考完时刻"，就像有一个临界点，以为考完以后就没事了。有的人把"财富自由"当成临界点，认为实现财富自由以后人生就会不一样。我们换一种隐喻又会怎样呢？比如把人生当成持续的攀登。"攀登"就是另一种隐喻，当你爬山的时候，翻过这个山岗，还会看到一座新的山峰。所以在这个隐喻下你会意识到，很多事情是一波接一波、持续而来的。

纵观人生，我们用什么样的隐喻来解释世界，就会受到这个隐喻自带的一些属性影响，从而给出不同的反应，隐喻就是我们看世界的方式。

如果我们能够借鉴迁移，通过隐喻，把熟悉的领域知识对应到一个新的学习领域，就有助于理解了。

一个例子：用"隐喻"理解持续行动与刻意学习

我们生活在物理世界里，通过与不同的物体、人以及文化产生互动，产生直接经验。这些经验如果重复出现，大脑会自行归纳，从而形成概念。但是我们的时间有限、精力有限，不可能什么事情都经历。所以除了直接经验，我们还要通过学习其他人的直接经验，使之成为自己的间接经验，从而加速个人进步。隐喻可以解决这个问题，隐喻让我们通过另一种事物来理解和体验当前的事物。

在《我们赖以生存的隐喻》[1]一书中，作者介绍了很多隐喻的知识点与相关的关键技术，在前文我列举的"争论是战争""争论是双人舞蹈"，就来自这本书的启发。如果你觉得自己的联想能力有待加强，迁移能力需要提升，那么可以好好研读这本书。

我出过两本书，一本是《持续行动》，一本是《刻意学习》。持续行动讲的是，在个人成长中，我们的行动要稳定、稳健，目光要长远，要一直走下去；刻意学习强调的是，在面对学习困难的时候，要勇于突破，勇敢面对自己的内心。那么如何帮助大家更好地理解持续行动与刻意学习这两个词呢？也可以借助隐喻。

> 持续行动就是一段旅程，自己选择开始，自己选择目标，路上遇见朋友，可同行一段路程，然后再分开。
>
> 持续行动就是一杯好茶，采自高山顶，沸水泡开，入口苦，回味甘，提神醒脑，清热解毒，社交必备。
>
> 持续行动就是大江东去，先从山脉起源，涓涓溪流，峡谷破阻，激流前行，平原开阔，浩浩荡荡，终到大海。

---

[1] 乔治·莱考夫、马克·约翰逊，浙江大学出版社于 2015 年出版。

> 刻意学习就是天鹅戏水，水面优雅淡定，水下扑腾热闹，纵有万千阻碍，蹼掌划水，徐徐向前。
>
> 刻意学习就是逆水行舟，风大浪大，轻舟飘摇，永远有阻力，不进则退，一直有风险，不稳则翻。
>
> 刻意学习就是锥处囊中，不管在囊中哪个位置，总是可以专注一点，突破下去，崭露头角。

通过隐喻，可以了解到概念的某一个切面。假使我们可以用许多不同的隐喻了解同一个概念，重复迭代之后，便有可能理解这一概念的全貌。

每个人在生活中都有许多实实在在的经验，这些经验或者来自你与家人的互动，或者来自你对生活的观察，或者来自你与周围朋友的互动。这些直接的、实在的经验，就是在持续学习时用以傍身的武器。要相信自己，无论面对任何困难知识，都可以从自己已知的、熟悉的直接经验开始，一点点扩大，一点点掌握。

学习引擎：记下你的 100 个灵感

在最开始参加工作的时候，我经常遇到这样的情况：认真写了一份材料，改了好几版，检查了好几轮，可交给领导以后，领导一眼就看出材料里的明显问题。而这些问题，我在写材料的时候却没有注意到。

这是什么原因呢？为什么领导能很快看出我之前一直没有看到的问题呢？是因为我水平不行吗？有可能。但是，其实还有一个更重要的原因。

（1）防止认知窄化。

人的认知是很容易窄化的。当我们一直盯在一件事情上时，就会自动忽略这件事情之外的许多信息。这个特点，从正面讲叫专注，但是从另一面讲，就是认知窄化。

比如改一份材料，我们在结构、措辞上花了很多心思，在最终改好的时候，思考已经进入很深的层面了。当我们将它提交给领导后，领导完全从另一个角度来看，于是马上就能发现："呀，你的页码没加，这里字体不对，这里格式错误，这里少了一个句号。"这些文字编辑上的小错误，首先会被注意到。接下来，领导会继续通读材料，提出的意见可能会是：开篇篇幅太长了，中间论述弱了，需要加几个支撑的案例，结论不够明确，等等。

当听到这些意见的时候，我们会发现，好像说得都有道理，但是自己却很难察觉到。其实原因很简单，就是我们自己躬身其中的时候，意识不到这些。而领导是旁观者，没有陷入其中，看到的自然就会不一样。

当我们想找到两个看上去不同的事物之间的关联时，就意味着必须从许多细枝末节中跳出来。只有跳出来，才能像你的领导一样去思考。领导能发现你看不到的问题，第一个原因是，他不用亲自做你所做的工作，所以脑力富余，头脑更灵活；第二个原因是，长期不用亲自做这些工作，但是却要看别人做出来的很多成果，于是对于高站位的工作，把握的敏感度会更高。

把这个场景推广一下。在学习上，如果我们学得很深入，会不会也有类似的情况出现？会不会深陷其中不能自拔，难以做出判断？其实这种情况是很容易出现的。而破解的方式就是本节谈到的，借鉴迁移、触类旁通。

在一线工作相当于埋头赶路，而对高站位的工作的把握，相当于抬头看路。虽然我们常说，既要会埋头赶路，也要能抬头看路，但是由于兼顾二者的难度比较大，因此通常会采用团队作战的方式，一些人负责埋头赶路，另一些人负责抬头看路。

一方面，持续学习在很多时候是一个人的事情，也就是我们自己要专注地学下去，但是另一方面，又要记得随时把头抬起来。怎么才能做到呢？我给出的解决方案就是，记下你的 100 个学习灵感。

（2）放松催生灵感。

灵感是怎么来的呢？灵感一般会在大脑相对放松的状态下产生。相对放松的意思是，我们一直在做 A 工作，做了很长时间后，当切换到做 B 工作的时候，大脑里关于 A 工作的部分暂时收拢起来，但是仍然在后台运行。结果你会发现，突然在某一时刻，你的大脑里产生了一个关于 A 工作的奇思妙想。这时候，就是一个灵感出现了。灵感往往可能是找到一个问题的解法，或者从混乱的信息中找到了线索，或者找到了两个看上去无关的事情背后的联系，还有就是构建了一种新的隐喻方式，等等。

灵感产生了怎么办？记下来就好。灵感来自哪里呢？灵感最有可能当我们将不同的领域知识关联在一起时，从学科交叉的指缝中涌现出来。当我们把这些知识关联起来的时候，本质上是把自己从各个领域的学习里抽离出来。换句话说，通过持续记录灵感、分析灵感、扩展灵感、关联灵感，可以在持续学习中，让自己更多地抬头看路。

记下了灵感以后怎么办？这些灵感往往会成为下一阶段工作的切入口，或者成为工作的方向。当然开展具体工作的时候，你需要以此为线索，综合评估分析。

我在2014年学习英语口译的时候，与小伙伴一起练习，交流材料的译法。当时我的感受就是，与水平相当的学友共同探讨练习，是进步较快的方式。那时候就有一个想法，如果我能组建一个社群，在社群里，我们共同交流、探讨关于具体的英语口译材料的译法，获得的进步速度将会更快。这就是我最早关于建立社群的一个灵感。大概在半年以后，经过筹备与论证，我启动了社群项目，一直运营到今天。

有了社群以后，在具体的社群运营工作中，又会有很多灵感出现，有很多想法都慢慢实现了。我运营社群到了第八个年头，每天都要做很多工作。所以往往是一边做事，一边产生灵感，一边审视灵感，一边实现灵感。这样随着时间积累，就会发现，在其他人眼里，你是一个很有想法的人。

在持续学习中，我们要积累与记录自己的灵感，可以以 100 个灵感为目标。当我们在复盘的时候，可以梳理审视，从中找到更多的启发，这有助于我们更好地监测自己的学习状态。

其实这本书里的很多有意思的观点，就来自在平时工作学习中的灵感记录。

第四章

持续监控,持续调整,持续精进

对学习进行监控，是这一章主要讨论的内容。监控的意思是"监督与控制"，我们一方面要持续学习，另一方面要持续观察自己的学习状态处在什么阶段，即学习动作有没有到位，有没有偷工减料，情绪、状态变化是怎样的，离目标还有多远，有没有偏离方向，等等。

掌握了这样一种监控能力，既能更好地认识自己，也有助于我们未来的成长。

监控学习状态

持续学习这件事，在旁人看来有点分裂：不光要学，还要时刻关注自己学得好不好。为什么要这样做呢？

人是一种特别容易感动自我的动物，学习了一会儿，就容易眼眶湿润，浑身发热，觉得自己这么上进，一定有光明的未来。当我们身陷这种自我感动的情绪而不能自拔时，认知能力就会下降。古人云，不识庐山真面目，只缘身在此山中。而真正进入了持续学习的高速阶段，如果只忙着低头赶路，而不抬头看路，就容易走偏。

所以，持续学习中自我监控很重要。我们在开车时，一边在道路上奔驰，一边要注意行车方向：需要在哪个路口下高速，需要在哪里拐弯，需要注意当前的限速是多少，还需要注意避让行人。因此，在持续学习的道路上，我们一边走，一边要看自己如何在走，两件事都很重要。

监控学习状态，是为了让我们精准地感知自己处于学习的哪个阶段，然后采取相应的行动，而不会由于情绪的波动变化，对学习产生干扰，把自己"甩"下车。对自己有清醒、客观的认识，更有助于我们提升持续学习的效果。

看地图：让持续学习通关的六大阶段

学习是分阶段的，就像股市有牛市和熊市一样。在不同的阶段，我们在学习上会有不同的表现，需要采取不同的策略。本节总结了学习的六大阶段，每个阶段有不同的特点，学习者也会有相应的学习心态。不过，有太多人在学习的道路上半途而废，没有走完学习的全阶段，没有体会过一轮通关的感受，比较遗憾。希望以下描述，能激发你的好奇心，遂而自己去行动探索。

梨子到底是什么味道，还要自己尝一尝。

（1）上手期：感兴趣、很兴奋。

在刚接触新领域时，我们往往会很兴奋。兴奋的原因有很多，有的是因为长期思考的问题始终没有答案，但突然从某个新领域得到了启发而感到兴奋；有的是感觉看到了光明的未来，脑海里出现一幅宏伟的蓝图画面而感到兴奋。

如果在生活中看到以下描述，你会有什么感受？

> 21世纪是全球化的世纪，具有国际思维的人，会在全球化时代脱颖而出，拥有成功的人生。要有国际思维，就要学好英语，练好流利的口语，这是非常重要的。根据统计数据，在职场上英语能力强的人，更容易加薪升职。
>
> 好口才、好人缘，是现代职场发展中必备的重要素质。拥有好口才，才会有好的人际关系，这对我们的个人成长至关重要。怎样说话招人喜欢？怎样高情商沟通？怎样提高人际交往的效率？这是每个人都非常关心的话题。根据统计数据，在职场上沟通能力强、会说话的人，更容易获得职场晋升的机会。
>
> 你是不是经常感到不开心、有压力？你是不是经常问自己活着的意义是什么？心理学可以给你关于这方面问题的答案。学好心理学，是我们人生中必备的认知武器。根据统计数据，有心理学功底、心理素质强的人，更容易招人喜欢，赚到更多的钱。
>
> 副业赚钱已经是当代年轻人的刚需。利用下班后的闲余时间，做一点小生意，既可以让自己生活得更充实，还能补贴家用。那么要怎样做呢？可以打造自己的个人品牌，通过个人品牌让自己多赚一些钱，可以实现副业月入过万。

不知道你看到这些文案，会不会感到兴奋？会不会激发自己对英语口语、口才表达、心理学及副业赚钱等话题的浓厚兴趣？

可能由于之前有过提醒，你的心里已经有所防御，于是在读到这里的时候，感情或许会被压抑住。但是想一下，如果有一天你的好朋友跑过来跟你说，他找到了一个方法可以快速挣到钱，而且很轻松，一个月能赚十几万元，要带你一起发财，你会不会动心？动心是因为你对未来有期许，在脑海里出现了一幅图画：说一口流利英语，在社交场合左右逢源、谈笑风生，同时熟悉心理学，情绪随时调整不受困扰，下班后能赚钱，感觉非常舒爽。

这些关于未来的描述，切中了我们心中的一些痛点，又勾起了我们的向往，当向往产生的时候，我们就会对很多事情产生兴趣。这个过程在职场上被称为"画饼"。我们每个人都是自己的"画饼大师"。

（2）启动期：心流状态。

当你有了学习的兴趣，开始研究学习时，很容易进入心流状态。心流状态是一种非常投入、非常享受的感觉。在这种状态下，学习的内容对你来说，有一点新鲜感但又不算难，你能学到新知识又不至于不能消化。你很专注，全神贯注其中，世界好像静止了。你完全停不下来，体会到了学习的喜悦和乐趣，然后大声高呼：我的学习上路了！这，就是心流的感觉。

进入心流状态，有两方面原因：一方面，当你提起学习兴趣的时候，会有一种微醺的感觉，就像打了麻醉剂，对于一些小困难、小阻碍、小磕小碰，你选择性忽视，毕竟有大好前程的未来预期，而这点小挫折算什么！这就像以前"假中奖"的骗局里有很多人上当一样，因为他们想的是："我都中了500万元，还差5000元手续费吗？"于是他们被骗去5000元，最终也没有得到500万元。

另一方面，很多人刚开始学习、研究，也就是在刚入门的阶段，涉及内容比较浅显，也容易产生自己学得很好的幻觉。不信的话，请你拿出一本数学书，高中以上难度的那种，当你看"导论"的时候，是不是感觉自己"无所不能"？等进入第一章以后，是不是感觉自己没有那么"能"？

在这种心流状态下，我们对自己学习的评价达到最高点，会认为自己是热爱学习的，学习让人有所收获，感觉人生充满意义，觉得自己积极向上，而不是碌碌无为。这就是我们和学习的"蜜月期"。

在这个阶段，其实我们并没有真正进入学习的"深水期"，只是给自己扫了盲，知道了一些皮毛。不过，身在其中的我们不会这么想，反而想的是，如果所有的学习都能这样下去就好了。

（3）平台期：即要攻坚，也会倦怠。

好景不长。当你在心流状态下继续推进后，由于概念越来越复杂，知识关联性越来越强，慢慢地你就会发现，自己好像越来越容易走神，越来越容易"出戏"。你可能学着学着就跳了出去，"掉线"了，再回神后，竟不知道书里在说什么，跟不上书中的思路。这时候就进入了平台期，这也可以称为倦怠期，或者攻坚期。

这种情况的出现，也有两方面的原因。一方面，越往后学，难度越大，知识开始脱去让初学者感到轻松有趣的外衣，露出了真正用智力武装的"獠牙"。毕竟你接触的大多数领域，最开始都是讨论这个领域出现的背景、发挥的作用及基础信息等简介性质的内容，你并没有深入展开学习，也看不到太多细节。当你真正学进去的时候，会接触很多细节，而且知识点可能会比较多。另一方面就是"重复"，一些基础概念会反复出现，反复被提及使用。这样一来，你很容易从一开始的新鲜感自然地转变为倦怠感。这是一种生理反应，这是需要我们用认知和理性去克服的。

很多人在进入倦怠期的时候没有意识到这一点，只会觉得这些知识或者科目不像最开始时那么有意思了，于是不兴奋了，也没兴趣了，原来高涨的情绪慢慢地被练习的枯燥所代替。这时候，如果不加以干预，就会慢慢减少投入的时间和精力。假如此时又对其他学科产生了兴趣，就会转到其他领域，这又回到了第一阶段，重新开始，重新体会上手期的快感。

其实这时候应该做的事情是，投入更多的时间，把看上去枯燥的事情做好，形成接近本能的反应，并且分解做事的每个环节，优化指标，让动作更到位，让练习更有成效，让理解更加扎实。如果我们做好这些夯实基本功的工作，就会在下一个阶段看到更长足的进步和更强的发展后劲。但是遗憾的是，很多学习者在这方面做得不到位，在感到倦怠的时候停下了脚步，不再持续行动，最终就是不了了之。

面对这种情况，也有人容易出现认知上的失调，于是找个借口说"我对这个不感兴趣"，再继续追求下一个以后也同样会不感兴趣的学习主题。我在写作的这些年，很多人跟我说，不知道自己对什么感兴趣。其实，他们中的大多数人就是倦怠期的"逃兵"，只是他们逃得太快了，已经形成了习惯，以至于闻到一点困难的味道，就脚底抹油、溜之大吉。最终他们享受到的是命运馈赠的迷茫焦虑"大礼包"。

当然，也有人在这个阶段扛住了，下了不少笨功夫，一点点积累下来，把概念理解牢固，形成了网络，这就为后续持续学习的腾飞，打下了坚实的基础。

（4）震荡期：自我怀疑。

假如有一部分人在心生厌倦的时候，仍然由于自驱，或者自律，或者外界的压力，保持了行动的节奏，这就代表他至少已经战胜了自身惰性，保证了行动的稳定性，即便他内心可能仍然自我怀疑，信念不坚定。这时候，他进入了学习的震荡期。

如果信念不坚定，往往经受不住压力测试的考验，学习就很难上一个新台阶。一旦开始自我怀疑，面对困难信念就容易动摇，怀疑就会像病毒一样扩散，侵占全身，折损战斗力。我们会质疑学习知识有什么意义。而一旦开始问"有什么意义"的时候，就会由一种长期视角转换成短期视角。

当英语学习者感到学习枯燥的时候，内心的反应可能是：

> 我又不出国，为什么要这么辛苦学英语？
>
> 现在的人工智能这么发达，有机器翻译，我为什么要去学英语？
>
> 我工作很忙，每天都很累，哪里有这么多时间学英语？

从这些提问的逻辑中不难看出，这是在怀疑自己最开始学习的动机，通过否认最初学习的动机来合理化自己不想再学习的想法。

可以回想一下，我们在最开始决定要学习的时候，也是由于憧憬、有兴趣才决定开始学的，而不想学习的时候，会出现认知失调："我明明是一个积极上进的人，怎么可能放弃学英语呢？那就不是我了！一定不是我的问题，是'英语'出了问题。"为了避免这种认知失调，有人会主动怀疑学习的意义，给自己寻找借口。这其实就是"莫须有"的定罪技术，给自己的学习随便安个罪名，然后关进大牢。这样一来，即使不学习也能心安理得。

除了怀疑意义，我们还会怀疑能力，当进入震荡期，长期投入却看不到起色的时候，我们就会问自己：

> 为什么我学了这么久的英语还没有学好，是不是我天生不是学英语的料？
>
> 是不是我就学不好英语？
>
> 是不是我就不应该在这个上面花费时间？
>
> 如果我把时间花在其他方面，我会不会过得更开心？

这些问题会像闪电一样在脑海中飞过，不断击打我们的自信心。

自我怀疑会让学习打折扣，也会让自己不开心。这种感觉让我们浑身乏力，有很多人会在这一阶段跳下学习的疾驰列车，重新回到原点，舔舐自己的伤口，可能要在三个月甚至半年之后，才能重新拾起曾经的雄心壮志，再度起航。

当然，还有另外一小部分人，仍然能保持行动的节奏，继续负重前行，他们将会迎来一个新的顿悟阶段。

（5）顿悟期：拨云见日。

顿悟是黎明前黑暗里看到的一丝微弱的曙光，就像闷热夏日里的一缕清风。漫长的学习坚守让你身心疲惫，但意志的坚定却让行动没有暂停。你艰难地行走着，动作可能有些变形，力气也没有以前那么大，状态也可能有些低沉，唯一值得安慰的是，你一直在走。

你要求自己每天练习一小时的英语朗读，以及整理单词、摘抄和背诵，但是由于长期感觉不到学习有所突破，原定一小时才能完成的作业量，现在只用 15 分钟就草草应付完成。虽然你每天还在持续行动，还在做学英语这件事，但是其实已经打了很大的折扣。你也知道自己的动作变形了，一直在"放水"，但是仍然在安慰自己，起码学习的线没有断。

持续行动的好处是，当学习的果实来临的时候，因为我们在行动，所以还能捡到一些好处。即使是在这样狼狈的学习状态下，也可能遇到"打折"的顿悟。在生活中的某些时刻，我们会突然发现学的知识能用得上，这时候的欣喜就是一种残缺的顿悟。不过尴尬之处在于，我们只是记得自己看过，但是说不出来、用不上，没有形成"第一反应"，所以此时情绪是五味杂陈的。

以前我带英语口译训练营的时候，有小伙伴反馈说工作中团队要和外方代表团会谈，需要一名英语翻译员。正好他以前练过口译，就自告奋勇抓住了这个机会。等到真正翻译的时候，他勉强应付了下来，没有耽误事情，不过他特别后悔平时没有认真练习，基本功不够扎实，临场发挥得不够好。于是在翻译结束以后感慨，平常还是应该多多练习，这样的话才能把握住机会。如此，动力一下子就上来了。

这属于勉强能用得上的"顿悟"。另一个更尴尬的例子是，我们社群在一起共读明史相关内容的时候，有些小伙伴在工作中拜访大客户，发现客户特别喜欢历史，尤其是明史，于是很兴奋。但由于他平时不够用功，积累不多，只知道自己读了明史的内容，却说不出具体细节，没法和客户展开深聊，让他既兴奋又尴尬。这时候，他就很后悔，如果平时功夫下得再多一些，知识点掌握得再好一点，那么这次沟通就是非常好的与客户建立深厚关系的机会。所以学习有什么用呢？当然是可以帮你更好地发现、更快地连接生活中同样爱学习的人。

顿悟是一种重新发现。那些信息与关联，一直都在那里，只有在我们自己的心态与认知的视角发生了变化，目光变得更敏锐后，才能突然看到。也许我们早就知道零零散散的知识要点，但它们像一堆碎片散开着，没有拼成一幅大的图景。而各种机缘巧合让我们正好变换了视角，去倒着看问题，于是我们灵光一现，把这些碎片全部连起来，拼成了一块大的版图，知识要点一瞬间上下贯通，让我们豁然开朗、浑身舒适。这种体验就来自百思不得其解后的涌现，来自持续思考与长期的学习，而当你获得了一次顿悟体验的时候，就会进入一个新的学习循环，你不再会认为学习是苦差事。

这种体验，你一生至少要有过一次。

（6）新循环：物是人非。

有一句老话，看山是山，看山不是山，看山还是山。当我们经历了这样一轮认知的迭代周期，重新看以前的知识的时候，会有更深刻的领会。如本书开始介绍的，这个周期迭代过程就像螺旋楼梯，从上往下看，我和你可能处在同一个位置，你在二楼，我在五楼。我们虽然在讨论同一个东西，但是体会可能完全不一样，不一样之处就在于行动量的差距。虽然我们说的可能是一样的话，但是领悟的深度不一样，信念的坚定程度不同。我们都是用同样的语言在交流，而语言背后那些力透纸背的东西，不同人感受到的是不一样的。

我自己在阅读很多领域经典作品时，就会有这种体会。第一次通读，就是泛泛一看，感触不够深刻。等到我从事相关工作，吸取了不少教训，学习了很多知识以后，再去阅读那些作品，得到的体会是完全不一样的。当你有了不一样的感受，有了更深刻的领悟时，第六阶段的学习就算是完成了。这时候，你可能又会关注一些新的知识，进入新的领域，于是再次回到最开始时的上手期。

最后，借用第一章里"学习就像吃饭"的比喻，延展另一个比喻："学习就像吃包子"。学习就像吃包子，你要吃完第六个包子，才算吃饱。但是你无法直接吃到第六个包子，只能从第一个开始吃。假如把第六个包子放在第一个吃，那么它还是第一个包子，而不是第六个。所以不要在刚开始吃的时候，直接追求吃到第六个。也不要羡慕只吃一个包子就吃饱了的人，因为他吃的前五个你可能没看到。更关键的是，当没吃饱的时候，不要矫情，不要大喊大叫，接着往下吃就好了。如果吃到第六个，还没吃饱呢？继续吃下去，吃第七个。如果有人问，要是永远吃不饱怎么办？有一句话是这样说的，世上本无事，庸人多自扰。

调策略：抓住第一反应的"牛鼻子"

怎样判断所学知识到底有没有学会？看第一反应。

（1）第一反应未必正确。

面对生活中的各种问题，我们会有不同反应。第一个进入脑海里的，就是我们的第一反应。第一反应未必是最好、最正确的，有时候，一时冲动、情绪失控，往往会做出错误的反应。而冷静思考、深思熟虑得到的答案，可能和第一反应不一样，但是却是正确的。

> 案例一：在股票市场，如果我们看到一只股票连续涨了几天，本能地会认为它还要继续上涨，于是追高买入，然后被套牢；如果持有的股票连续几日下跌，由于损失带来了恐慌，于是仓皇卖出，但是卖出后可能就错过了上涨期，于是踏空。
>
> 案例二：我们接到诈骗电话，对方声称我们的社保卡被盗，涉嫌洗钱，需要冻结银行卡账户。假如我们没有接受过诈骗电话的防范提醒教育，也没有很强的警惕性，就容易轻信并且配合诈骗分子转账到"安全账户"，导致财产损失。

在很多情况下，由于我们的第一反应未必是正确的反应，它们从长远看要么会伤害我们自己，要么经不起时间考验。而且，总会有人利用我们的第一反应来牟利，损害我们的利益，比如诈骗及各种商业套路。

与此同时，世间事情往往错综复杂，我们在第一眼看到、第一次听到所形成的反应，可能不代表真实的情况，需要有更全面的了解、更多的分析和更深的推理，才能得到正确的结论。这就要花费一些时间，消耗一些精力。如果你是某个领域的专家，前期已经做了大量训练，形成了直觉，在看到复杂的情况时，能很快做出正确反应，从而妥善地处理问题。这时候，第一反应就是对的，也是我们需要学习的。

（2）通往正确第一反应的四阶段。

学习就是要升级改造自己的第一反应，让自己在遇到各种人和事的时候的第一反应，尽可能贴近最优解，把事情做好，获得共赢。但是并不是说，我们在所有领域里都能做到第一反应是正确的，我们精力有限，在一个领域里是专家，到了另外一个领域，可能就是"小白"。因此，我们必然要做出权衡取舍，所以有的知识要精通，有的只要知晓即可，还有一些短期用不上的，知道从哪里找就可以了。这里将从四个阶段进行梳理，即我们对知识的掌握程度，从"没有反应"到"第一反应"。为了便于理解，以倒序方式讨论。

（a）第一反应，脱口而出。

在学英语的时候，我们会用"脱口而出"形容熟练程度。如果你说英语能"脱口而出"，说明基本功扎实、反应很快。把这个原理加以推广，假如对于还在学的其他领域的知识，在要用的时候，脑子没有反应过来，没有"脱口而出"，那么就是前期学习不到位，不算学会。

中学考试时，有些题目我们不会做，只有看到答案才恍然大悟，这就不算"脱口而出"。在实战中，我们赤手空拳面对问题，马上要做出回答，还不能翻书，此时只能靠平时积累，这时脑袋里装的东西，就是真正拥有的知识。

世间的领域有很多，我们不可能什么都会，但总要在一个领域里做到"脱口而出"。在这个领域，你为他人提供服务，帮他人解决问题，为他人提供价值。这时候，你不能在遇到问题的时候回去翻书，对着教材或者答案来指导别人，而是要成竹在胸、了如指掌、目光坚定。这些你可以直接"脱口而出"的内容，才是让你在社会上安身立命的基本功。

"脱口而出"的关键，不在于选择什么领域作为自己"脱口而出"的目标，而在于你至少要有一个能做到"脱口而出"的领域。千鸟在林，不如一鸟在手。有的人有完美主义的症结，希望找到一个自己既喜欢又能赚钱，而且还不累的领域去钻研，但挑来挑去，最终什么也没学到，还浪费了时间。如果你到了30岁还没有立志，还没有找到人生方向，那么不如先把目前所从事的工作做好，在做好这件事情的过程中，就会获得新的启发。不要再思考自己适合做什么了，沉醉于迷茫中的人，不配通过思考获得答案。而从泥潭中能把自己救出来的人，才配得上拥有"自己想要的"方向。

我们学习的一切知识，最后如果落到生活里不能成为我们的第一反应，那么这些知识就并不为我们真正所有。这就是"学会"的最高标准。

如果想要训练自己"脱口而出"的能力，有一个基本原则可以参考："看书不记笔记，记笔记不看书"或者"听的时候不写，写的时候不听"。就是说，一旦你认为自己已经学会，就不要盯着原来的材料，尽量让自己独立写出来。这样会倒逼自己在学习的时候，提高吸收信息的效率。

（b）若即若离，借题发挥。

知识的掌握程度和我们的使用频率有非常紧密的关系。如果我们经常运用一些知识，就能将其熟练掌握，从而"脱口而出"。但是人的时间、精力有限，无法掌握所有的知识。而且对每个人而言，知识也有轻重缓急之分。于是我们要允许对于一些知识,即使自己做不到"脱口而出",也能"借题发挥"。

我们对很多知识的确掌握得不够牢固,需要经过提醒或者提示才能想起来,这就是"借题发挥"。"题"就是一个线索、一次点拨、一句话点醒或者一份提纲。这些知识对我们来说,有一种若即若离的感觉。看到了就会想起来,但是如果主动回想,未必能回忆起来。

对学习者而言,"借题发挥"的知识比例要比"脱口而出"的比例高。毕竟,学一些皮毛要比学到精深容易得多。当然这样也没有什么问题,我们要和不同领域的人打交道,如果每个领域都正好了解一些,则更容易拉近彼此的距离。

在观看盛大晚会的时候,经常会看到主持人手里拿着一张小卡片。主持人未必是完全照着念,而是会看一眼卡片上的内容,然后面对摄像机镜头把主持词讲完。而这种感觉其实就是若即若离,借题发挥。

"借题发挥"容易给人一种"这个我懂"的幻觉,因为我们很容易把经过他人提示以后才理解和想起来的知识当成自己真正理解和掌握的知识。而这些知识在真正的实战场景中,很容易被忘掉,也正因为我们掌握得不够牢固,所以往往难以变通。在一些需要即时反应、迅速做决定的场合,如果思考不全面,需要依赖其他人的提示,即认知上有盲点,那就很容易犯错误。

在电信诈骗犯罪中,犯罪分子往往也会利用人们的这一特点。

一旦打通电话，就会一直和你通话，不让你挂电话，不停地催促你做出反应，最终你就会半推半就地把钱转出去。在诈骗话术给我们编造的陌生领域里，如果我们的防骗知识没有形成"第一反应"，同时又缺少"借题发挥"的提醒，就很容易被骗。不过现在国家一旦监测到疑似诈骗的境外来电时，会给我们发送短信提醒，这就相当于一次点醒，让我们从诈骗分子的话术中恢复理智。

我们生活中的很多时刻，都处在这种"若即若离，借题发挥"的状态。当别人向我们聊起这些话题的时候，我们会感觉自己什么都知道，但是在自己真正面对问题的时候，却两眼发黑，啥也想不起来。比如，很多人遇到过的"为什么道理我都懂，却过不好这一生"的问题，其实也属于"看着知道，用起来忘掉"的情况，即只会"借题发挥"，不能"脱口而出"。[1]

还有一种情况是会议上的即兴发言，这时候我们会先列一些提纲和关键词，根据提纲和关键词来引导自己的发言，这也属于"借题发挥"。

我们学习的目的，是要尽可能让本来需要"借题发挥"的知识变成能够"脱口而出"的第一反应，而不是在事情结束以后才想起来，即"早知道我应该这样做"。很多人在吵架的时候总是不会接话，不知如何把话"怼回去"，事后才想起来应该如何回应。吵架时接不上话，这就是做不到"脱口而出"的表现。

---

[1] "为什么道理我都懂，却过不好这一生"，在《持续行动》一书的开篇，也重点讨论了学习者经常遇到的这个经典问题。

另外，在求职面试中，有的面试官会突然问出很刁钻的问题，甚至突然态度变得很恶劣。这其实是压力测试，很多求职者答不上来，一下子乱了手脚，回去之后才想起应该如何应对，从而错失了工作机会。

（c）知道在哪，按图索骥。

"按图索骥"的意思是，我大概知道某个知识点在某个地方，于是凭着记忆翻箱倒柜，终于在某本书的某个角落里找到了需要的知识。我们可能会对一些数据或者案例留下大致印象，但是在真正要用的时候，还是要借助搜索引擎或者记忆的帮助，沿着线索找到原貌。

如果说"借题发挥"是要找拐杖扶，那么"按图索骥"就是手里只有一根线，但要拔出萝卜来。以我的经验来看，处在这一阶段的学习者反而是少数，因为很多人平常没有做信息摘抄的习惯，只是纯粹凭记忆去按图索骥。而更多的人往往是两眼一抹黑，都不知道要怎么找，于是只剩下原始的第一反应，那就是空空的大脑。

"按图索骥"，知道去哪找，要求在平时的学习中梳理出线索和整理出笔记。这一部分包括两个动作。一是从书上、报道中看到了观点、论述和案例，你知道是有价值的，并专门记录下来。这是正向的工作，相对比较简单。第二个反向的动作才是更关键、更有难度的：以后，我在什么样的场景中、在遇到怎样的使用需求时，可以用到这些笔记？也就是说，我们在平时记笔记时就要想到，这些可以在什么时候用得上，而不是只觉得好就先记下来，等真正需要的时候又忘记了。

在专业领域进行学术写作的时候，需要引用一些资料，这时候就是比拼我们"按图索骥"能力的时候了。"按图索骥"是平时积累的功夫，如果你平日做得好，就像手里攥着足够多的线头，可以连接到不同知识的源头，那么很快就能将所需材料整理出来。这样别人看到你"引经据典"，就会觉得你"旁征博引""学富五车"。这就是你在平时下的功夫。

对于在读研究生来说，"按图索骥"是非常重要的学术研究能力。研究生论文开题就需要通过文献综述梳理前人的工作：

> 我们现在谈的问题，二十年前的人们是怎么说的？十年前又是怎么说的？现在又是怎么说的？
>
> 我们经分析认为，哪些观点研究得还不够深入，哪些观点是有偏颇的，原因是什么？
>
> 开题以后要做哪些工作？如何验证这些工作？

这些就是相对高阶的学习能力。

因此，每个人除第一反应之外，还要建立一个外脑，这就是我们的外部知识库。而连接大脑和外脑的重要线索，就是"按图索骥"能力：我知道什么问题在哪里能找到，等需要使用的时候，把内容引用出来，这样我们的知识版图就扩展了。

不过，"按图索骥"面临的一个挑战就是，知识浩如烟海，书籍卷帙浩繁，所以知识可以一直扩展下去。在搜索一个知识点时，如果你克制不住好奇心，就会一直发散，收不回来，从而忘记主线，最终会浪费许多时间。很多人上网就容易被弹窗消息带跑，本来是研究欧洲文明史，最终不知道怎么回事，看起了日本女明星的八卦故事。主线偏离，注意力就耗散，时间就浪费了。越是成年人，时间越不经花，根本原因就在于，让我们误入歧途的各种诱惑太多了。

（d）花钱开心，囤了一堆。

现在，电商的发展刺激了大家的购买欲望，尤其是买书。很多人每到"双 11""618"电商大促有"满 200 减 100"的活动时，就狂买一堆书。而有不少人把这些书就堆在家里，连塑封都没拆开，还安慰自己说："我买书不看，是为了营造氛围，以后可以随时看。"

我家里有很多书，而且近几年越来越多，装满了好几个书柜。有些书是我买的，有些是出版社寄的。但是，并不是所有书我都认真看了，也有一些书没来得及拆塑封。我必须非常老实地承认，这些书目前对我而言就是一堆纸，因为当我遇到问题的时候，我甚至都不会记得自己有这些书。所以在这些没读过的书里，假如某本书可能会提供解决问题的思路，那么我断然是不会知道的。你看，从知识的掌握程度来看，囤了一堆书但是没看是最没有价值的。

我记得以前向一位朋友推荐了一本书，对方说会马上下单。结果过了一会儿，他说："唉，这本书买过了……"现在，一二线城市的房价也不便宜，如果你买一本书回家，不翻开阅读，这本书不仅没发挥作用，而且还占着房子空间，挺浪费的。这样还不如买电子书，即使是忘记看了，这本书也不会出现在你的物理空间里，把电子设备一关，就当什么事情都没发生。

我认为，人不应该欺骗自己，如果你买了一堆书很长时间没有看，那么你在未来很长一段时间里，看的可能性也会很小。所以与其用一个"以后有空了看"的理由来欺骗自己，还不如坦诚地说："我就是喜欢囤书，哪怕不看也感到安心。"

囤积物品是人类在进化过程中形成的一种心理机制，通过占有来制造安全感，缓解内心的恐慌。这样囤书就像集邮、摄影一样，成了爱好，但是这与爱学习无关。毕竟囤着不看的书，永远进不了你的大脑，成不了你的第一反应。

持续学习的事业，就是要将一堆和你没有什么关系的文字慢慢输入、慢慢梳理，在你的大脑里产生反应。最开始你只知道某本书里有什么内容，在遇到问题的时候要翻书才能想起来。随着学习的推进，你开始能够记住内容，只是偶尔需要提示，毕竟记忆还不够牢固；再进一步，你会发现居然能将知识融会贯通，甚至还能产生灵感和形成直觉，这时候就进入了"脱口而出"的阶段。这样一来，你就从没有反应到改变了自己的第一反应。认知提升其实就是一个从没有反应到有正确第一反应的过程。我把以上四个阶段画在了一张图上，参见下图，可以方便大家形成第一反应。

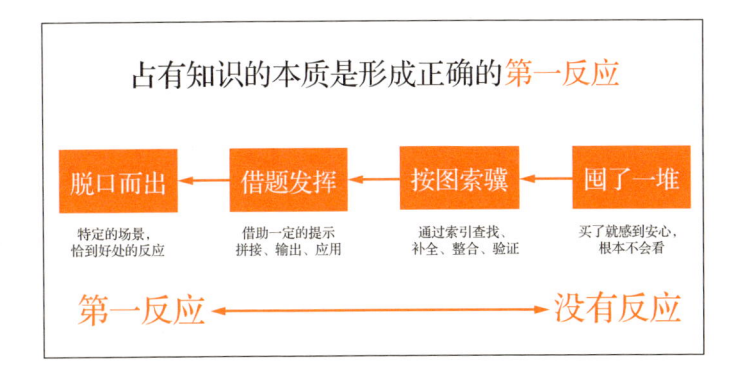

占有知识的本质是形成正确的第一反应

脱口而出	借题发挥	按图索骥	囤了一堆
特定的场景，恰到好处的反应	借助一定的提示拼接、输出、应用	通过索引查找、补全、整合、验证	买了就感到安心，根本不会看

第一反应 ←——————————→ **没有反应**

（3）不会真正"没有反应"。

当然，"没有反应"也未必是完全没有反应。情绪的变化是所有人底层的第一反应。人都会有自己的情绪，对事情哪怕没有任何认知上的变化，也会有喜怒哀乐等情绪上的变化。情绪未必需要被克制，但是需要被引导、训练和驾驭。如果情绪用得好，能够成倍提升我们的生产效率。著名数学家丘成桐在他的自传《我的几何人生》[1]中说：

> 感情的培养是做大学问最重要的一部分……立志要做大学问，只不过是一刹那间事，往往感情澎湃，不能自已，就能够将学者带进新的境界。

像数学这样严谨到几乎冷酷的学科，在学习过程中，其实也是需要学习者用炽热的情绪来渲染与熏陶的。

我们还要意识到，从"没有反应"到"第一反应"，是像攀登山峰一样逐级上升的，不会很轻松。人类文明的征程就是在不断

---

[1] 《我的几何人生》，丘成桐、史蒂夫·纳迪斯，译林出版社于2021年出版。

探索未知，而失败率很高。当你开始持续学习时，挫折才是你的朋友，失败会常伴你左右。这时候你会对自己产生怀疑，负面情绪会侵袭你。这也是为什么本章要讨论在学习过程中需要监控学习状态。只有这样才会知道自己处在什么阶段，更不容易迷茫。

学习能带给我们非常多的好处，但是往往要付出很大的代价才能得到。在付出代价的过程中，如果我们退却了、害怕了、犹豫了，最终就得不到结果，往往又会后悔，进入一个新的负循环。我希望大家通过持续学习，进入提升学习的正循环，真正尝到学习的甜头，得到拿着前人的思想武器去打败敌人、改变自己、提升自己的丰硕成果。当你真正获得成果的时候，你内心会产生强大的学习动力。

不过，很多初学者往往喜欢挑省力省事的内容学，怕在学习中吃亏，于是通常不太可能将知识内化为自己的"第一反应"。所以很多人即使学了很久，最后也无法真正掌握知识，甚至认为学习材料有问题。

勤迭代：学习是把 0 变成 1 的过程

我在带英语晨读团的时候，让大家做英语口语模仿练习，即把一段英文发音学到与原声一模一样。有些小伙伴很努力，但是却感觉始终学得不像，总是会差一些，于是就问我为什么。

如果发音不对，语调不准，原因在于音标基础学得不牢固。而音标为什么没有学好，原因在于对音标发音的舌位嘴型把握不准确，发声的动作没有到位。而舌位嘴型包含很多细节，就像舞蹈一样，动作不到位，就会很难看。不过发音比跳舞更有挑战性的地方在于，练习舞蹈的时候可以对着镜子，由老师手把手纠正姿态，但是练习发音的时候口腔里边各个部位的运动只能自己把控，老师的手没办法伸到学习者嘴巴里把舌头往外拽。

英语发音得到进步的本质就是将每个标准动作做到位。把口腔里各个部位放到应该放的位置上，然后把声音发出来，这样就对了。比如发[v]的时候，要注意上齿与下唇的咬合，以及声带要振动，如果这两个动作不做，发音就不对。只要动作做到位，哪怕最开始听着不像也没关系，有可能是耳朵听得不准。

如果一个单词有 5 个音标，每个音标平均有 3 个发音要点，那么要读好这个单词，就会有 15 个要点需要控制好。这 15 个要点就像一个检查清单，每次说这个单词的时候，脑子里要自动地把这 15 个要点整整齐齐地管好。你就像一位班主任，班上有 15 位同学出游，一定要时刻清点人数，确保大家都不走丢，最后能安全归来。

我用一张图来说明这个过程。这张图里每一行有 15 个方框，每个方框代表一个需要掌握的知识点，0 代表你还没掌握的，1 代表你已经完全掌握的。

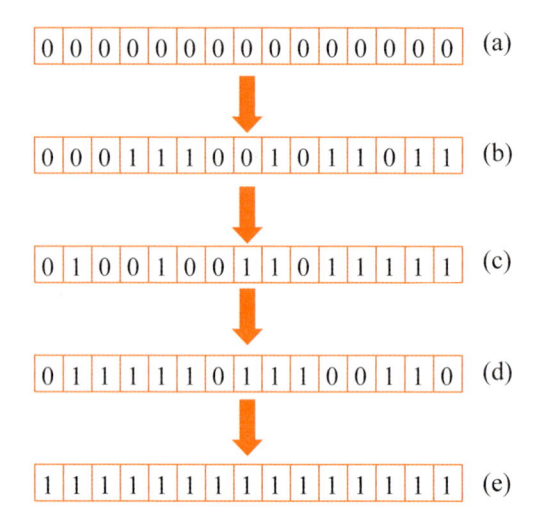

```
0 0 0 0 0 0 0 0 0 0 0 0 0 0 0  (a)
                ↓
0 0 0 1 1 1 0 0 1 0 1 1 0 1 1  (b)
                ↓
0 1 0 0 1 0 0 1 1 0 1 1 1 1 1  (c)
                ↓
0 1 1 1 1 1 0 1 1 1 0 0 1 1 0  (d)
                ↓
1 1 1 1 1 1 1 1 1 1 1 1 1 1 1  (e)
```

学习就是要把原来"不会"的，也就是格子里的那些 0，变成"会"的 1，即从第（a）行到第（e）行的过程。就像图中每行的 15 个方格，我们在一开始学习的时候，面对的就是一排 0，此时代表脑子里一片空白。而我们一点点学的过程，就是将 0 慢慢变成 1 的过程。

在学习的时候，要注意以下两个方面。

① 尽量努力让每一次的行动和学习都有新的收获，让更多的 0 变成 1。

② 已经变成 1 的小方格，尽可能不要变回 0，不要退步。

但是学习往往不是一帆风顺的，今天学会的，明天可能会忘记。所以在持续学习的过程中，有一些 0 在不断变成 1，有一些 1 在不断变回 0。这就是学习的战场。如果一边学一边忘，要怎么办呢？

在这个世界上，没有永不忘记的"学习"，只有忘记得多或少的"学习"。所以我们要做的就是，**让 0 变成 1 的速度比 1 变成 0 的速度快**。遇到边学边忘的情况，千万不要慌，不要病急乱投医，要慢慢推进，要相信一切都会好。

我经常遇到这样的情况，有人在一天里把 3 个英语音标都读准了，于是心花怒放，结果第二天读错了其中 2 个，于是很苦恼，决定放弃英语学习；还有人听自己的录音找不出发音错误，而辅导者当面指出后他才能听出来，之后就不想再练了。在学习的过程中，偶尔的退步不用怕，只要继续学就可以了，只要人在，丢掉的阵地还可以一步一步赢回来。

情绪不要崩溃，信念要在岗，行动要到位，才有胜利的希望。

因此，我们的学习就是把方框里的一个个 0，慢慢地变成 1；同时守好自己的阵地，不要让 1 再变回 0。然后不断扩展方格的长度，从 15 个到 150 个，再到 1500 个……

越是学得多、学得好的人，关于某个领域的知识，会掌握更多的管控点。而成为专家的意思就是说，你要在某些方面比其他人掌控更多的管控点。就像这本书，介绍的也是关于持续学习的管控点。书中分析了开始学习需要注意什么，做计划需要注意什么，具体学习时需要注意什么，学习后的复盘需要注意什么，等等。这些都是我自己的学习经验总结，也是重要的学习管控点。当你也开始学习的时候，可能就会产生很多共鸣，当然如果不学习，只是随便翻翻这本书，也许会认为这只是一锅"鸡汤"而已。

研案例：辞职在家考研的风险有多大

我经常收到"要不要辞职考研"之类的求助问题。在这类问题中，很多人认为自己工作忙是无法备考的原因，于是问我是不是要辞职在家全职考研。很多人认为，只要不工作，就有大把时间在家，就可以拼命复习。2020年的新冠肺炎疫情，让很多人隔离在家数月之久。这段时间带给我们很多不同的体验和新认识，尤其是辞职考研这件事。

（1）以前总以为自己没时间考研，其实是因为管不住自己。

很多职场人士在遇到挫折的时候就想去考研。但是问题马上就来了——他们没时间备考。于是一个新问题产生了：是不是应该辞职在家全心备考？既然工作忙，没有时间备考，那么辞职在家，每天可以持续学习十几小时，考研一定会成功。

其实，对我们大部分人来说，并不是没时间，而是管不住自己。这个观点平常非常难以验证，毕竟每天都有很多事要做。但是2020年的突发疫情，让很多人隔离在家，很多人曾经想要的"学一整天"的条件得以满足。这时他们会发现，真正能天天居家的时候，一天一下子就过去了，而自己的学习好像并没有想象得那么高效，原有的计划和想法基本上都落空了。

相信你也能看到，辞职在家准备考研是一件多么不靠谱的事情。**你以为缺的是时间，其实缺的是把自己管住的能力。** 如果我们能管得住自己，并不一定需要做辞职这件事情来确保备考顺利。如果能管得住自己，边工作边备考也是没问题的。如果管不住，即使再大块的时间，也一样被糟蹋干净。上班工作忙，其实只是借口。

（2）要管住自己，否则学习再多的自我管理方法也是没用的。

很多人觉得自己的自制力不强，于是买了市面上很多教人如何进行自我管理的课程。买单的一瞬间觉得自己改变了，但从实际情况看，很多人最后还是没有解决实际问题。核心原因在于，我们就算使用再多的理论武装自己，在最后落地实践的时候，这些理论也没有变成正确的第一反应，自己仍然是个理论派。

针对这种情况，我的解决方案如下。

首先，一定要认识到，对于改变自己这件事，只能依靠自己，自力更生。如果自己都不能解决，那么谁也解决不了。你看，这是不是和市面上很多人的说法相反？市面上有些"达人"会说，加入我的社群，帮助你克服自我管理的困难；而本书的观点是，你加不加入没关系，反正你是要靠自己的。

其次，在我们做好了"自力更生"的思想准备后，就要开始着手解决一个又一个具体的问题了。什么是具体的问题？

> 案例一：今天早上6点，闹钟响了，我不想起来。这个时候，如果我起来了，这就是克服了早起的困难，解决了一个具体的问题。

> 案例二：今天应该写个复盘笔记，这是我周计划的一部分。但是我的懒劲上来了，不想写，想追个剧。如果我内心斗争一番，最终坐在书桌前，把复盘笔记认真写了，那么又解决了一个具体的问题。
>
> 案例三：到了晚上该睡觉了，想再刷会儿微博，而不是关掉手机闭上眼。如果按预期按时睡觉，又是解决了一个问题。

在上述过程中，每一个问题的解决都是在经历一种考验。只要每天早上起床，你就要面对"闹钟响了要不要关掉继续睡"这个问题，每天都要面对再睡一会儿的诱惑。只要你每天用手机，就要时刻面对各种弹出窗口和资讯消息的诱惑。只要你一直上网，每天都会面对剧集更新的诱惑，面对多看一集的诱惑。抵制诱惑，就是克服困难。只要诱惑存在，困难就一直在那里，不可能凭空消失。

如果你成功抵制了一次诱惑，便积累了一次胜利的经验；如果失败了，便多了一次失败的教训。成功的经验越来越多，你对自我的管理就会越来越好；失败的经验越来越多，你对自我的怀疑就会越来越强烈。你一次又一次放弃了退却念头，选择了迎难而上，你就是在持续进步。这个时候，你就是独立地面对这些和你有关的问题，那些方法技巧来不及成为你的帮手。你能依靠的，就是你内心的信念与勇气。

另外，在两军对垒的时候，如果有环境托底，胜算则更大。很多人在和自己的懒惰对抗的过程中，会被惰性打得满地找牙，输得遍体鳞伤。这是常态，挨打多了就会有经验，我们要做的是从这种卑微的常态中不断积蓄力量，打好个人成长的持久战。

在这样的煎熬期，内心往往是一片黑暗。这时候，如果有群体能偶尔发挥一下引导作用，那是极好的。当你实在撑不住的时候，发现你的小伙伴仍在努力做事情，你会突然感觉，自己这些困难没什么大不了的，于是会整顿收拾，继续上路。

（3）管住自己是终身问题，没有一劳永逸的解决方案。

很多新选手会认为，一定存在一种万能的自我管理方法，只要学会了就"法力无边"。这是个别知识付费从业者给普通人带来的幻觉，人们有了这种幻觉，才会花钱去买各种提高效能的课程。

提高效能的确是有一些可操作的技巧与方法的，但是我们要面对的自我管理问题，是终身持续的。这就意味着，如果哪一天放松了对自我的要求，如果哪一天开始躺在功劳簿上居功自傲，人就会开始跌落。时间管理导师也会赶不上火车，整理收纳师也经常弄丢个人物品。历史的洪流滚滚向前，没有谁可以一劳永逸。我们要做的就是持续行动、持续学习、管好自己。

解决了自己思想上的问题，我们就会发现，没有时间，可以解决；没有资源，可以解决；没有想法，也可以解决。成长不是让我们进入一个没有问题的阶段，而是让我们在面对问题和解决问题的时候，内心平和而且安宁，不会产生不切实际的幻想。

活在真实的世界里，管住真实的自己。

回到开篇辞职考研的话题。如果你是有辞职考研想法的上班族中的一员，大可不必马上提出辞呈，可以从明天开始早起一小时，利用这一小时伏案学习，持续 100 天，学满 100 小时，你再决定自己到底要不要辞职考研。到时也许你会发现，考研根本就不适合自己。

调整学习心态

我一直认为，学习上的困难，主要来自心态没有调整好。所以在自我监控的时候，要注意自己心态上的变化。而心态是要时刻被监控的，因为当我们处在某个具体的场景中时，如果没有足够的定力，就容易随波逐流，所以调整学习心态是一个需要持续努力和付出的事情。

平常心：初学者不宜刻意追新

在英语学习中，很多人会不断寻找"新鲜"的学习材料，总认为"新鲜"的材料里才有更多有价值的内容，而目前手里的学习材料已经"过时"，害怕影响学习效果。因此，每次在遇到学习上的困难时，他们就会想，是不是这个学习材料不适合我，要不要换一个新材料，要不要用一种新方法？不仅仅是英语学习，在其他方面，很多人也有类似的情况。

（1）"喜新厌旧"的我们。

喜新厌旧是人的本性。新的内容、新的知识给我们一种前沿感。而刚刚出炉的内容，如果第一时间拿到，也是能力、地位的象征，是可以炫耀一下的。

商家非常熟悉人的这一特性，不少商家每年都要发布新品，在新品里加点新功能，让大家有盼头。即使新品改动不大，也要刻意包装一下，搞出个新版本。图书出版了三五年，如果卖得好，也要出新版。即使作者不出，读者也会问，都上市那么久了，怎么不出新版？

但是学习不是追时尚，尤其对于初学者而言。越是初学者，越应该关注基础知识、基本原理，而这些其实和"最新的内容"关系不大。

以英语为例，一门语言在三五年之内的变化可以忽略不计，英语初学者没必要用最新的时事新闻作为学习材料。英语新闻对于高阶学习者也许适合，但是如果你仍然处在语法搞不清楚、单词认不全、句子不会说的学习阶段，可以把这些最新的材料扔一边，拿起一本教材"啃"下来就好。

（2）推荐这套英语学习教材。

说到这里，必须提到英语学习的经典教材——《新概念英语》。有人说这套教材"过时"并表示不屑。持这一观点的人一般分三种：一种是自己编写不出一套教材，也没有把这套教材学完；另一种是自己编了教材，但是销售得不好，于是需要攻击一下经典，蹭一波流量；第三种是不明真相的围观群众，看了一些网络帖子就指手画脚、瞎起哄。

英语学习者陷入"教材之争"是非常愚蠢的。教材的好坏固然有一套评定标准，但是初学者的主要焦点不是去评价教材的好坏，并把其当作个人学不好的借口，而是应尽可能从一套教材中学到对自己有用的知识，武装自己的大脑。在此过程中，如果脑子里总有一种"教材过时了"的声音，就会严重影响个人学习状态。

在学习遇到困难的时候，我们不会从自己身上找问题，而是把原因归结为教材不好。笨拙的工匠怪工具不好用，我们很容易成为那个笨拙的工匠。而且对于很多初学者而言，花大量时间去"挑选"学习材料，也是一件得不偿失的事情，初学者往往判断力不足、知识面还未拓宽，不知道自己要什么。如果你说这个不行，他也不知道到底哪个行。

我从来不认为学习《新概念英语》是一件过时的事情，相反，我运营着几个千人练习群，每年都会组织小伙伴把这套教材从第二册练到第四册，正好每年都可以朗读一遍。2021年10月，我们已经开始了第七轮朗读，相信这本书到你手里的时候，我们已经进入了第八轮甚至第九轮[1]。

学经典还有一个好处。如果你认真学完了一遍，功力就会有大幅提升，这是藏不住的。等到有人问你英语为什么那么好的时

---

[1] 如果你也想和我们一起持续行动，练习《新概念英语》，可以关注微信公众号"持续力"，在后台回复"新概念"来查看练习方法。

候，你可以谦虚地说："没有啦，我就是背了几遍'新概念'而已。"

追新形成的思维习惯所带来的一个后果就是让人"气喘吁吁，情绪焦虑"。即便你总是在追求"最新"的内容，但是任何"新"一出来，便已经进入了"过时"行列，因为永远会有更新的内容冒出，难道自己要变成一个头条新闻搬运工吗？不要过度关注内容的"时效性"，请揭开变幻莫测的内容表面，把重点放在不变的要素上。

什么是不变的要素？继续以英语学习为例。

> 这些英语材料表达了什么意思？
> 它们采用了什么样的表达方式，用了什么词汇与句型？
> 如果要表达出同样的意思，还有什么方法？
> 有哪些表达方式是我马上就能用上的？
> 这些材料的内容、结构给了我什么启发？

面对一篇英语学习材料，我们要能抓住这些核心要点，就已经很有收获了。接着，用这样的方法重复学 100 篇其他材料，英语水平就能大幅提升。在此过程中，材料的时效性完全不是主要问题，至少对于一两百年内的学习材料，你用这个方法学习，都可以得到明显的提升效果。

我在十几年前学英语的时候，也追逐过最新的材料。那时我在网络上下载了最近一个月的 VOA（Voice of America，美国之声）广播材料，并且还认真模仿了其中的几段内容。但是即使是当时最新的材料，在十几年后的今天也会"过时"。所以，不管材料是新的还是旧的，我们的目标是把英语学好，获得把英语用好的能力。这样一来，我们反而脱离了时间的限制，不管在什么时候，看什么年代的材料，不管是最新的资讯还是陈旧的档案，都能理解吸收，这才是学习的目的。

所以说，学习是一个"后发先至"的过程。在开始学习的时候，前人已经走了很多路。但是我们不用焦虑，先把基础打好，用经典练好内功。要从经典的案例里吸取经验，拓展自己的知识面，训练自己的思维。随着学习成效的提升，我们会慢慢从后进者变成先进者，站到最前沿的位置。到那时，我们自然会对最新的内容产生自己的理解；最新的资讯也会主动找上门，因为你已人在前沿。

当然，仍会有一些学有小成的人，在熟练掌握英语这门语言以后，开始解读最新的内容给初学者听，满足初学者对新鲜学习材料的渴求，这样就形成了繁荣的学习市场。这就是另外一个如何利用他人的需求赚钱变现的话题了。既然只是利用你的需求来赚钱，那么你有没有真的学会，也就没什么人关心了。

守本分：做学习和工作的老实人

在学习中，很重要的一点就是对自己诚实，做学习的老实人。什么是对自己诚实？如果你发现哪里有问题，不要装作看不见，而要努力解决。这个道理非常简单，但是却很难做到。保持诚实是非常难得的能力，但越是对自己诚实，学习效果越好。

我在刚开始工作的时候，有一次要完成一项任务，在待交付的结果中，发现了一处小问题。问题不是很明显，不过如果要改过来，还是需要花费一些时间的。于是我想，反正不明显，先这么着，应该没事。结果提交后，我收到了领导的反馈，让我再修改一下材料，修改的地方就是我故意忽略的地方。我最终还是没有逃过本来就应该做的事情。

现在回头看这件事情，我是存有侥幸心理的。如果我故意忽略的问题没有被发现，我会以为过关了，看上去是应付了一件事，少做了一件事情，但是从长远来看，这样的危害反而更大，因为我会认为这样做是对的。而一旦形成了错误的认知，养成了错误的习惯，就是对自己大脑的伤害。

工作能力是安身立命的本事，是一辈子要用的能力，是不能搞豆腐渣工程的。为了偷懒，缺斤少两、偷工减料，看上去是应付了别人，其实是害了自己。记得有个老工匠的故事，讲的是一个老工匠，平时兢兢业业，给老板盖了一辈子的房子，质量都很好。在他快要退休的时候，老板让他负责最后一栋楼的工程。他想的是，反正都是最后一栋楼了，差不多就得了，于是没有按照以前的标准去盖楼。结果楼盖好了以后，老板说把这栋楼送给他，作为他的退休礼物。

我们日常的工作看上去是在拿钱办事，但其实是在为我们自己做事。**我们通过做事，通过自己的行为，来回答"我们是谁"这个问题，来确认我们的身份，让我们在大千世界找到自己的位置。**虽然现在很多人都在讲怎么赚更多的钱、怎么暴富，但是很重要却常被忽视的一点是，我们需要通过工作完成对自己的历练，让自己有进步、有价值，让自己变得更好，只有这样才能换来在赚钱速度上的提升。这种增值资产的方式虽然慢一些，但是比较稳。

市场对人才是极度渴求的，只要你真的有能力，就不会缺少发现你能力的老板。但是现实情况是，很多人找不到满意的工作，很多老板找不到称心的员工。深究这个问题就会发现，原因是很多人平日里应该做的事情并没有做到位，应该把事情做好的时候打了折扣。

一个人的认知觉醒是从他真正有了自己的主体意识的时候开始的。此时他意识到，这是我的事情，是我的选择，是我的担当，不是给别人交差；甚至还会认为，如果我不这样做，会浑身上下不自在，会认为我不是我自己。

经过以上分析，想问读者一个问题：假如你发现手里的工作出现了问题，是直面并解决这个问题，还是差不多就交差呢？如果想提升能力，还是越诚实越好，越老实越好。在做一件事情的时候，如果觉得哪里有问题，就不要放过它，尽可能地解决，直到你认为这个问题不再成为问题。"诚实原则"就是，你的确没有发现问题，只要你发现了，就应该有所考虑，有所处理。这样做有什么好处呢？一方面是，训练了自己全面思考问题的能力，提升了自己的大局观；另一方面是，假如你已经把所有能考虑到的都考虑到了，在提交工作成果以后，上级或者客户仍然向你反馈了许多新问题，那么恭喜你，说明有人指出了你的盲点。这些问题，是能帮助你提升自我的突破口。

世俗的智慧告诉我们，不要轻易指出别人的问题。于是我们一般很难得到有真见地且能让我们成长的意见。但是通过工作成果获得反馈并迭代改进，可以让我们更好、更快地提升自己，而保持诚实是提升自己的开始。

我相信，每个人内心都有想要成长的潜意识，所以哪里有问题，就把哪里的问题解决了，而不要装作看不见。但是我还注意到很多人不愿意面对问题、解决问题，而是喜欢从外界找原因。这可能和他们的个人成长经历有关，比如，小时候摔倒了，有的家长会说打这个地板；撞到了墙，会说揍一下墙。长此以往，一些人会形成一种心理习惯，遇到困难就从外部找替罪羊。那么，不妨试试把所有遇到的困难都当成自己的事，勇敢去面对问题，慢慢就会发现诚实的力量很强大。

每个人身上都有这种诚实的"良知"，这是我们进步的原生力量。喜欢"放水"的人可以研究自己如何不放水地"放水"，从而取得进步；长期偷懒的人可以观察自己如何能不偷懒地"偷懒"，从而让自己更加勤奋；经常放弃的人可以钻研一下自己如何不放弃地"放弃"一件事，从而让自己持续行动……

即使是一件消极的事情，我们仍然有方法将它转化为能带来生产力的事情。以前有读者问我：

> "我非常不自信怎么办?"
>
> "你非常确定自己不自信吗?"我问。
>
> "是的,我觉得我特别不自信。"
>
> "你说自己不自信的时候为什么这么自信?"

老老实实学习,扎扎实实进步。

收锋芒:见机行事,低调做人

有位读者问过我一个问题:在公司休息的时候,同事们都在聊天,他拿出书来看,就会被人嘲笑。除了在公司被人笑,在家里学习也会被嘲笑,家人会说你还有那么多家务活要做,看书做什么?面对这些情况,这个读者很困惑,问该怎么办?

我们现在遇到的学习困难,其实放在历史的长河里,根本不算什么。1977 年恢复高考以前,青年上山下乡,在工厂、农村每天要出工出力、下地干活,晚上回到住处的时候,有多少人会学习呢?又有多少人会有心思和心力,拿起一本书学习呢?

1977 年 12 月恢复高考,这则消息在当年 10 月才登报,并没有给人留太多准备时间。那一年的高考录取率不到 5%,对比现在高考近 90% 的录取率,可谓天壤之别。而对于那时的青年,如果能考上大学,就是命运的改变与转折。

从最终的结果看，当年一大批考上大学的人，正逢社会恢复活力、各行各业急缺人才的时机。他们最终在后续的三十年里持续成长，成为社会栋梁。凤凰网做了一个"高考名人榜"的节目，采访了 500 多位在 1977 和 1978 年高考中脱颖而出的考生，他们在后续的岁月里，已经在社会的各个领域建功立业。

而我们把时光倒回至 1977 年以前，如果你是一名知青，你并不知道什么时候恢复高考，每天都有很繁重的工作任务，你还会坚持学习吗？在那个年代，平时仍然坚持学习的人，周围的人又会怎样评价他们呢？

现在，我们要工作，要处理家务，要面对零零碎碎的事情，更不知道自己未来的发展方向。但是与四十年前的环境相比，现在的条件已经好太多了，我们都应该为生在这个时代而感到庆幸。这样一想，这些困难真的不算什么。

当然，从人际关系的角度看，遇到别人嘲笑的时候，一般有几种原因。一是你可能才开始看书学习，大家还没有习惯；二是你和周围人的关系可能没有相处得特别好。

（1）我们都有光明的未来。

我以前也不经常读书，而当我开始读书的时候，周围的朋友也会说一些奇奇怪怪的话。对于这个现象，我在《持续行动》一书里的《看不起，看不懂，看不到》一文中也提到过。

你在社交场合拿出一本书看的时候，难免会给人一些压力。这种压力有时候来自大多数人内心对安逸生活的贪恋与对积极向

上的渴求之间的深刻矛盾。很多人脑子里清楚自己应该奋斗，但身体就是做不到，长期煎熬拉扯以后，把"安逸"变得心安理得，形成了一种懒惰的"稳态"。当他看到周围人开始积极努力、追求进步的时候，往往会产生恐慌。为了维护原有的懒惰稳态，这种恐慌不会变成见贤思齐的积极行动，而是外化成打压他人的言语行为。于是他们会说："瞧你这认真学习的样子，装什么装？"

你的朋友第一次看到你在学习，你也是第一次看到朋友有这种反应，大家都没经验，相互理解一下就好。以前，我还会和对方争论，这其实是自信心不足的表现。在我学习时间长了，内心变强大了后，就发现别人怎么说根本不重要，自己知道这样做是正确的，自己能承担这个选择的各种结果就好了。

虽然我们可以不在意别人的看法，但还是要适当在意一下别人的感受。而别人的感受往往与我们内心的态度有关系，是我们心理世界的一面镜子。当你在学习的时候，不要刻意表现出一种积极追求进步、努力学习的样子，不要试图在朋友圈打造这样的"人设"，你周围的朋友对你的嘲笑，很可能是因为他们认为你只是在做样子。

韬光养晦的策略其实是对的。在行动上，坚决坚持持续学习不动摇，但是在外在表现上要能持续自嘲、不逞强。你展示给这些朋友的姿态或许应该是：虽然我在读书和学习，但这是我闲着无聊的爱好，我们仍然是好朋友。这样你的朋友就不太容易感到压力，他们感觉你只是有一些新爱好，而不会把你当成异类，甚至还会主动体谅你。等你的学习有了一些阶段性成果，你的朋友也会为你感到高兴,甚至会向你学习。这就是慢慢地改变,潜移默化地影响。

你喜欢抽烟喝酒,他喜欢打牌打麻将,我喜欢读书写字,我们都有光明的未来。

(2)课桌上的话不要在饭桌上说。

还有一些小伙伴,在开始持续学习以后,就和家里人较上了劲。他们认为家里人不积极上进,希望家人和自己一起学习。这是一种偏见,也是过高的要求。在家里要多讲爱,多讲包容,多讲和睦。如果你的家人不爱学习,你也不要去说服他们学习,就像你的家人不阻碍你学习一样。

我们在学习的时候,会在课桌上讨论很多关于学习的严肃话题,有的是领域思想,有的是专业知识,用的是形式化、专业化的语言,我把这些讨论称为"课桌语言"。但是在家里,一家人用的是饭桌,在饭桌上一家人开心说话、聊天,表达相互的关爱,给我们的行动提供精神助力与支持,这是"饭桌语言"。家人之间能和睦相处,没有"鸡飞狗跳",大家能坐在一起心平气和吃饭,已经是很成功了。

我们要能区分"课桌语言"和"饭桌语言"。在什么山唱什么歌,课桌上的话不要放在饭桌上说,饭桌上的话也不要放在课桌上讲。只有把二者区分开来,生活才会和谐。不过要能区分这两种场景,对我们的情商还是有要求的。我们必须在头脑里开启三种模式:第一种模式是,在饭桌场景中要怎么说;第二种模式是，在课桌场景中要怎么说；第三种模式中要能准确识别第一种模式和第二种模式，并且能够适时切换。

有一句古话叫"大丈夫能屈能伸"，强调的是我们需要根据具体场景做出合理反应。如果对方在无关紧要的问题上与你纠缠，你大可不必和他较劲，吃亏是福，满足他的需要就可以了。当然，如果在核心的、根本的问题上，对方提出了过分要求，这时就应该坚决还击。

我相信大部分人还是希望自己生活在积极向上的状态里的，积极向上让我们身心健康，阴郁的日子只会降低身体的免疫力。很多人喜欢看到别人不如自己，这样容易获得相对的优越感。**而当你在持续学习、持续向上走的时候，记住适当收敛锋芒，低调行事，这样会减少很多阻力。** 当你把内敛这件事做得很自然的时候，周围的朋友会说，你是一个很谦虚的人。但是你知道，你只是能够审时度势而已。

不怕苦：学习的苦是"自找的"

现在是短视频时代，各大社交媒体平台上的短视频内容都非常丰富，让我们在两三分钟内就可以看到一个故事的小高潮。于是我们看完一个短视频后，会自动地滑向下一个，然后再下一个。不知不觉，几小时就过去了。有组调研数据表明，现在很多人每天花在短视频上的时间能达到一至两小时，这让短视频公司的市值暴涨。

（1）我拿自己做实验。

我对比过自己看短视频和看书时候的状态变化。在看短视频的时候，大脑是放空的，跟着画面和情节走就行，尤其是看到情节转折或者故事出现高潮的时候，会感受到非常强烈的快感，爽到了。

当我看书的时候，这种快感来得并没有那么快，与看短视频相比，看书甚至是件"无聊"的事情。我需要思考作者在说什么，要理解每一句话背后的含义，还要注意前后关联，有时还要标注出重点，这样才能有更深刻的印象。在看书的时候，我需要很专注，而且要长时间专注，才能获得一丝丝的快感，就像在炎热的夏天吹过的一丁点儿风，会带来短暂的清爽，但马上又消失在闷热之中。而看短视频不需要专注那么长时间，一个视频大多是几十秒，最多一两分钟，如果不吸引人，马上就可以划走，看下一个就好。于是爱走神的我们，在短视频的世界里，如鱼得水。

不过，假如我看了一会儿短视频之后，切换到看书的状态，就会感觉不太适应。到底是哪里不习惯，一时也说不出来。于是我做了一个实验。

实验内容：任由自己持续刷短视频，刷两三个小时以上，不设上限，观察自己的反应。

实验过程：我在某个短视频平台上找了一部一直想看却没来得及看的电视剧剪辑版。剪辑版就是把电视剧冗长的剧集提取出故事梗概，剪成两三分钟左右的微缩剧集。每一集时间虽然很短，但看完一个自然地会接着看下一个，两三个小时一下子就过去了。

为了继续我的实验，而且我还被剧情吸引，就接着往下看。我是从一天的下午开始做这个实验的，一直看到了晚上。晚饭的时候，边吃边看，手机没电了，就充上电继续看。到了深夜有点困了，于是躺在床上继续看。一不留神就刷到了凌晨，感觉快要看完了，就想着干脆看完，结果发现天都要亮了。终于刷完了剧，松了一口气，放下手机去睡觉，大脑却很兴奋，一时睡不着。第二天，我在微困的状态下，写下了以下实验结论。

实验观察与结论： 在看短视频时，我的情绪变化如下：身心融入剧情，主角的种种经历让我的情绪跟着起伏变化，仿佛自己也正经历着那些事情。主人公遇到的复杂问题与矛盾的情感，好像就发生在我身上一样。我的情绪被充分调动，感官被全面激活，我目不转睛地盯着画面，全神贯注地听着声音，不错过人物的每一个表情，不放过每一个动作。随着剧情不断推进，我感觉自己就是剧情里的人，情感充沛了起来。

有了这样一次彻夜看短视频的体验，我明白了为什么现在短视频如此吸引人。相比读书，书上那些文字不会在那么短的时间里带给我们如此强烈的冲击。毕竟文字是抽象的，要去理解、思考其含义，要去领会作者的精神，并理解知识的奥义，这种快感来得慢一些。读书和学习的快感，往往来自一点一滴地把一张大地图拼起来的过程，这个过程需要自己去找答案，有一点辛苦，有一点累，很消耗时间，特别是在入门的时候，还会有压力和焦虑。而短视频简直就是感官盛宴，我们无须花费多大力气，就能收获那种情绪满满的感觉，这种感觉并不需要太多思考，而只要跟着画面和情节走就可以了。两种体验又正好对应了前文所述的"导览型"与"沉浸型"表达，前者需要我们跳一跳才能够得着，而后者只要进入状态就可以了。

（2）尝一尝学习的苦。

学习这件事，在入门并且取得成绩之前，往往是非常无聊的事情。与那些琳琅满目的短视频相比，学习简直就是个"土老帽"，从感受的丰富程度来看，真的差很远。甚至可以说，相比短视频，学习简直就是在"吃苦"。面对吃苦，很多人能逃则逃，能不吃则不吃，能晚吃就不早吃。

但是，假如我们彻底逃避学习的苦，投入短视频的海洋中，又会有什么样的结果呢？仍然以我自己的体验感受为例，我在写书期间，花了大半天的时间看了一部剧，表面上看好像是缓解了心中的压力，但是其实副作用非常大。为了逃避一项工作，我们用刷短视频来代替它，时间过去了，但工作仍然没有做，问题依然没有得到解决，压力并没有减小。相反，看完一部剧，等到全剧终，内心就好像断了线的风筝，让人一片失落。就像参加了一场盛大晚会，散场以后，会场空空无人，剩下一地狼藉，这种感觉还是挺差劲的。我们可能在持续看短视频的一大段时间里，处于情绪高涨的状态中，但是高潮结束之后，留下的是空虚和自责。毕竟还有事情没有做，这就像潜伏的定时炸弹。而且，半年以后当我回头审视为了写下这段文字而做的实验时，我发现自己竟然忘记了短视频的大部分内容。

沉迷短视频会有很大的副作用。那么沉迷学习呢？学习不会这样。下面我仍拿自己做实验。当我投入大量时间持续学习，哪怕累一点、辛苦一些，但由于有密集的思考、大量输出，并形成了新想法，在完成工作方案的时候，内心非常舒坦，充满了成就感，因为我知道自己又往前走了一步。我并不会因为刻意学习而感到后悔或者吃亏，我觉得这是我应该做的事情。这时候，由于有一种正面与肯定的感觉，人就很容易进入正循环状态，我会进一步加大投入，从而获得更多的成果，比如再写一本书。

不过困难就在于，我们总是很难进入学习的正循环状态，因为跨出学习第一步，门槛有些高，而且很多人还有完美主义情结，总是希望找到某个"整整齐齐"的日期开始学习。有意思的是，很多人看短视频，却从来不挑时机，不搞"整整齐齐"，随时随地拿起手机，马上开始刷剧。于是很多人总是在学习的门外流连、徘徊，动不动就摸手机，刷一条又一条短视频。因为视频很短，不需要专注，还能让我们开心，真充实！

（3）快乐来自痛苦底色的反衬。

人可不可以永远快乐呢？永远做让自己开心、轻松，并且一直想做，还不会遇到任何困难的事情呢？这个问题可以分为两个部分来探讨。

一方面，如果我们就是想偷懒、想舒服，不想面对压力，这样可以马上获得快乐。但是根据前面的实验来看，这种快乐往往难以持续。在获得了短暂的快乐后,我们会进入更大的迷茫空洞,然后用下一个短暂的快乐来弥补,如此循环反复。

另一方面,开心、轻松、想做,都是我们的主观感觉,而既然是主观感觉,就意味着不管处在什么样的环境里,我们都可以想办法让自己的主观感觉发生变化,这包括学习新知,以及调整第一反应(也包括改变环境)。从这个角度看,快乐并不像是一种结果,而是一种生活的选择。

人不是活在真空中的,保持纯粹的快乐是不太现实的,快乐更多地来自痛苦底色的反衬。所以,当我们想追求持久、永恒的快乐的时候,我们也要想想,要选择什么样的持久又永恒的痛苦作为快乐的底色,才能让快乐熠熠生辉。这就好比,当我想通过这本书中洋洋洒洒十几万字向你分享我的学习感悟的时候,为了让墨水的黑色呈现出文字蕴含的信息,我需要选择白色纸张作为衬托的底色。

所以当你想让自己快乐的时候,要想想你选择哪种痛苦作为衬托。对我而言,如果要选择一种痛苦,最好是主动选择的成长历练式的痛苦,而不是被迫无奈的犯错挨打式的痛苦。毕竟经历前者还能收获成长,后者更像是为犯错付出了代价,是净亏损。

"学习的苦"是我们"自找的"。这些苦,其实是自律的苦,是自我管理的苦,是提出更高要求的苦,是追求进步的苦。我觉得一个人这一生吃的苦,也许是恒定的,那么不妨格局大一些,主动去找一点苦来吃,而且是那种对自己长期成长有很大帮助的高质量的苦。我相信，如果我们不主动找一些"学习的苦"，那么"生活的苦"就会主动来找我们。

假如说我们终究要吃苦，为什么不找一些自己乐于吃，吃完之后还能长身体的苦呢？至于那些吃了以后闹肚子的苦，我们还是离得远一点吧。

让苦照进我们的心房，获得苦的免疫，提高对苦的忍受阈值，我们才能奔向快乐的原野。

有张弛：学习到烦躁怎么办

持续学习，总会遇到烦躁的时刻。那么该怎么办呢？烦躁是一种情绪，根据第三章的讨论，情绪不好会体现在身体状态和心理状态上，那么解决方案就是：先从身体状态出发去改善情绪。改善情绪有以下几种方法。

（1）出去运动。

去健身房运动，去打球，去游泳，去跑步，去登山……只要离开书桌，放松你的眼睛，放空你的大脑，哪怕是 10 分钟都行，这些动作都可以让身体状态发生变化。如果你认为出门麻烦，那么还可以在家里做俯卧撑、仰卧起坐，或者其他简单的运动。假如你连运动也不想做，可以试着做深呼吸。深吸一口气，然后慢慢呼出，这种深度的呼吸，可以带动肺的扩张，带来生理状态的变化。有时候，由于所处环境的空气质量不好，大脑容易缺氧，呼吸新鲜空气也会改善我们的身体状况。

（2）享受美食。

不喜欢运动的人，可以出去吃一顿美食。进食也可以改变生理状态，尤其是吃想吃的东西。不过，如果我们在深夜吃东西，容易吃重油重盐重口味的食物，这可能会引发身体健康方面的问题。这时候需要克制一下，我们调整身体状态而不应该以身体受到损害为代价。

（3）建设性地改变自己的身体状态。

不要做一些具有破坏性的事情来改变自己的身体状态。比如，在心情不好的时候，不要摔东西，不要驾驶汽车，在极端情绪下开车容易发生交通事故。

除了身体方面，也可以从心理方面着手，就是切换自己的专注点。这里也有一些方法。

（a）切换不同科目。

我们在学习的时候，一般是在用大脑的某一个脑区，而不同科目激活的脑区并不完全一样。当学累了时，可以换一个科目学，这样整体效率是会提高的。以前我在学习英语口译的时候，学累了就会学习理论计算机方面的知识，这属于理工科知识，与英语口译的风格完全不一样，但是这样交叉学习的效率更高。这样不停轮换，会一直保持一种非常好的工作和学习状态。

（b）通过做家务、收拾东西的方式来放松。

如果你有一些没有洗的衣服、袜子，或者屋子需要收拾，可以在 10 分钟内简单收拾一下，时间一到就回去工作，不要一收拾起来就停不下来。每次收拾一点点，屋子同样也会变得很干净。收拾东西和读书时，使用的脑区是不一样的，同样可以起到放松的效果。

（c）不要通过刷短视频、微博和朋友圈的方式放松。

在学习出现烦躁情绪的时候，应尽可能远离手机，手机会让我们变得更焦虑。你一拿起手机，如果有人找你，或者要处理各种事情，都会打断你的休息节奏，最后会影响调整效果。

精进学习技术

学习的本事，是在学习过程中提升的。新手可能想通过提前学习来获得应对困难的方法，但实际情况是，我们是在学习过程中提升自己的学习技术的。而面对困难的知识，持续做好复盘工作，问好问题，是一种不可或缺的能力。

唯快不破：怎样才能快速学习

电商网站的图书促销活动越来越丰富，很多人很容易购买大量根本没有时间看的书。这些书占据了个人生活空间，于是不少人编造了各种"自己不看书也是正常的"理由。有的人说，当书放满了书架，自己就会慢慢变聪明；有的人说，书买了不一定要看，放在身边有种安全感，没事翻翻也会有收获。我只能说，书架上如果堆满了没看的书，容易砸到脑袋；如果遇到火灾，燃烧得最快……

> 你家里有多少本买回来还没有拆掉塑封的书？
> 你每次看到这些书会有什么感受？
> 你是不是对自己说："等我有空了一定要好好看看？"
> 你是否希望有一种快速学习的方法能帮你在最短的时间内把这些库存全部清掉？

如果你的答案是"是"，那么你很可能掉入了快速学习的"坑"里。

（1）快速学习，到底"快"在哪里。

所谓"快速学习"，就是市面上很多知识付费服务常用的一种揽客成交套路，这些服务宣扬的就是，当今社会知识爆炸，如果不快速学习，人很快会被淘汰；而用了快速学习的方法，就能大力出奇迹，超越同龄人，逆天改命崛起。这既制造了一种焦虑，又给了解决方法，就像古时的神婆在施巫术，吸引了很多不明真相的群众。这个说法其实非常好反驳，世界那么大，每天都有那么多美食制作出来，也没有说非要发明什么快速吃饭的方法。有多少能力吃多少饭，能吃多少吃多少，能学多少学多少，慢慢学下去，都不会差。

但是快速学习并非完全不合理。学习高手的学习速度往往会很快，就像上过快速学习的课程一样。那么快速学习在什么样的场景下才能实现呢？

（a）锦上添花。

当你已经对某个领域有所了解，知道这个领域的知识结构，这时如果你要学习同领域其他知识或者新的发展方向，一般可以很快学会并且很容易上手。

这时候，能实现快速学习的主要原因是，你要学的新知识，并不是真正的全新知识，而是"老朋友转介绍"，是与你的旧知识交集较大的知识。这样你在学习新材料的时候，要么是很多知识你早已知道，要么是可以通过比较简单的方式进行迁移。

大家可以做个实验。比如，你想学习"如何绘制思维导图"，请在任何一个电商网站或者电子书平台上搜索"思维导图"，并买下销量排名前二十的这类书。从二十本书中随便翻开一本开始读，读完后再读下一本，在读第一、二本书时，你的速度可能不会很快，但当你读到第五本、第十本的时候，你会发现每本书讲的内容开始出现重合，于是阅读速度就会越来越快。当你看到第二十本的时候，你可能会感慨：说来说去，都是这些知识，自己也会讲了。这就说明，一方面，一个领域的知识是有限的，一来二去地你就熟悉了；另一方面，同领域的书看得多了，大脑会总结出套路，你翻开一本同领域的书，大概就知道在讲什么了。

所以，如上所说，能快速学习的根本在于，你有非常庞大的知识储备，之所以学得快，是因为新知识在不断唤醒你的旧知识，你在进行拼装和组合。这就像去参加一场社交活动，你认识了一群新朋友，如果新朋友与你有共同的老朋友，你们就更容易熟识。

以我自己的学习为例，我在个人成长领域也做了一些研究，在读这方面书的时候，速度会非常快。我积累了与个人成长有关的各种各样的知识、框架与模型，当看一本新的与个人成长相关的书时，其实就是看作者对内容框架怎么排列组合，这样学习的速度就会比较快。由于对领域知识已经有所了解，我们就很容易梳理出已有的结构以及新的观点。

这种快速学习的能力，看上去很诱人，其实恰恰是无法快速学会的。你无法通过阅读一本书或者上一门课，学会快速学习的能力，"快速"是需要时间积累的。比如，你朋友百米赛跑跑得快，这是要经过很多年训练才能达到的，而不是听一门课后就能跑得快。如果真的想要获得"快速"的能力，最好是选择和时间做朋友，慢慢提升自我，而不是急功近利想去速成。

（b）急学现用。

这更像面向应试技巧的快速学习。我们在工作中可能会接到紧急任务，需要马上了解一个领域知识，解决一些问题，写出一份报告。这时候可以找出三五本相关主题的书，此时我们可能没有时间精读，能做的就是把每本书的主题目录、一级标题、二级标题、三级标题、概要等要素抽取出来，寻找与待解决问题相关的知识点，看看能否现学现用。

急学现用的好处是可以解"燃眉之急"，局限性在于突击式的学习只是浮于表面，仅解决问题，未必了解内在原理，也无法灵活变通。尤其是在遇到新问题时，容易生搬硬套。

对于我们持续学习的事业，最好结合两种方式。首先要确保自己在每个知识细节上把握到位，这就需要做很多具体的工作，比如逐字逐句把一本书读完，尤其是经典好书。其次，我们希望在抓细节的同时，又能跳出来把握整个知识结构，比如书中先说什么后说什么，哪里需要强调，哪里暂时一笔带过，这样就不会过分沉溺于细节。如果我们把这两件事情持续做下去，坚持三五年，个人认知水平和思考能力都会有很大的提高。

（2）你在什么情况下快不起来。

值得注意的是，假如我们的学习是在不断打破现有的认知，持续接触完全不同的新领域时，那么最开始的学习速度必然不会很快。这个时候，大部分人是快不起来的。如果想让自己看上去学得很快，只要在一个领域里一直看相同主题的书，就可能会非常快。就像你上了大学，还在做一位数的乘法运算，速度当然会很快。

在学习的过程中，到底是只专注于一个知识领域，还是要不断扩展新的知识领域呢？这两种学习模式，哪一种会对我们个人成长更有利呢？我觉得在掌握一个领域知识的基础上，再涉猎不同领域的知识，要比在单一方向上重复，会获得更大的收益。但是在知识付费时代，有的学习型导师并没有主动拓宽知识面，而是不停地在同一个领域反复"刷"经验值，这样就会给他人一种假象，就是他的学习速度很快，于是可以吸引不少学生向他学习"如何快速学习"。

我认识业内一些以教"快速学习"为生的朋友，他们对自己的学习能力有很清醒的认识，知道自己教授的方法，只适合学习那些比较简单且容易学会的技巧型知识，于是他们只专注在"快速学习"领域，这样就不容易犯错。但是很多"快速学习"导师所带出来的学生倒是信心满满，觉得自己无所不能，这是一件很有意思的事情。从这个角度看，有一些"快速学习"的技术更像是一种表演，适合观赏，不能用于实战。

我们应该用一生的时间，不断拓宽自己的认知边界，学习不同领域的知识，学习这些领域里有什么样的逻辑、什么样的思维模式，然后借鉴这些模式，并应用到自己的行业里，这样才能博采众长，吸收各行业最聪明大脑的认知。

如前所述，这个过程刚开始会非常慢，但是随着时间积累会逐渐显现出它的威力，如果能够持续打通各个领域的关联性，我们就会发现自己对世界的理解会变得深刻很多。

每年我都会组织社群成员共读一些垂直领域的书，这件事已经做了五年。我们曾经一起学习过管理学、营销学、心理学、历史学、保险学、经济学、教育学等领域的知识。[1]这些领域的知识看起来好像都不相关，但是其实我们正在织一张知识的大网。当我们对每个领域的基本情况有所了解后，再把这些知识串起来，就会形成一幅波澜壮阔的画面。三五年以后，我们的学习速度会上一个大台阶。

越是困难的事情，越要花时间去做，一旦做好，竞争优势就更

---

[1] 关注微信公众号"持续力"，发送关键字"书单"，查看具体书目。

大，形成的壁垒也越牢固。越是容易的事情，越能很快获得，但是谁都能很快获得了，相对优势也就越小。

唯难不惧：有难度的知识要怎么学

如果遇到非常难的知识，应该怎么学？

首先一定要有信心，既然是别人总结出的知识，就要相信自己也能学会。毕竟，大多数人都没有走到人类知识的最前沿，那些我们觉得难的知识，可能真的不是我们想象得那么难。而且我们要相信，现在学不会或者觉得很难的知识，其实早就已经有很多人都会了。所以既然有人能学会，就要相信我们自己努力一下也一定可以做到，大不了做得慢一些，但这没关系。

假如你遇到了困难，感到困惑迷茫，以下攻坚工具可以逐个尝试使用。

（1）抄书。

抄书的逻辑非常简单，如果学不会、看不懂一本书，可能是前面基础部分看得太快了。为什么会看得快？因为感觉自己知道，但其实可能并没有完全理解。每个环节的一知半解，积累下来，到高阶部分的时候就会感到困难。怎么慢下来？抄一遍书。一边抄一边想：

> 这是什么含义？我之前忽略了哪些内容？

抄书是帮你慢慢理解一本书的重要方式。如果你觉得抄书很麻烦，也可以试着把书上的字刻在石碑上，这样对比起来，你会发现还是抄书省事一些。

（2）提问。

学习的时候可以不停地问自己问题，让自己在不看书的情况下回答。如果你看了一本书，合上书以后却感觉似懂非懂，可以问自己：

> 第一章讲了什么内容？分为几部分？
> 开篇讲了什么？为什么先讲这个，再讲另一个？它们之间有什么样的关系？
> 这个词是什么意思？在其他哪些地方出现过？
> 作者有什么样的观点？
> ……

你可以设计很多问题，不断地问自己，问了就要回答出来，回答不上来就再回去翻书思考。经过多轮反复，你就能慢慢形成主动思考问题的意识。如果自己写不出好问题，可以和小伙伴相互提问，你给他们设计问题，他们给你设计问题，相互挖坑，看谁先把对方难住。大家相互切磋，最后共同进步。

（3）听书。

这里的听书不是听别人对书的解读，而是听书的原文朗读。有些书会提供有声版、真人朗读版，有些书支持使用 AI 朗读，效果也挺好，你可以采用 1.5～2 倍速的方式加快速度听。听书可以加深你对知识的印象，但是一定要记住，在自己学完一遍之前，不要轻易去听别人的解读。解读类的听书产品，为了避免侵权，往往不会引用书里的太多内容，而是要进行原创发挥，与书的原文相比，原创发挥很可能会不准确。但是如果是课程类的教学，有老师讲解知识点，这种形式是可以听的，因为教学与解读书还是不同的。

（4）整理结构。

整理结构是指自己动手，把书里的前后结构提取出来：这本书首先介绍什么，再介绍什么，最后介绍什么。我们在脑海里要对一本书有全局印象，而不是"只见树木，不见森林"。这样一来，心中有阅读地图，知道这本书讲什么、那本书讲什么，就可以把整个知识领域划分成不同的块，这会更有助于破解以后遇到的难题。当然，你也可以画思维导图，要自己画，自己画比看别人的思维导图管用。

（5）持续反复看。

有很多知识，学不会、看不懂，就再多看几遍，控制自己的情绪，同时要反复思考。古人有云：读书百遍，其义自现。看的时候一定要琢磨，并避免机械重复，因为机械重复往往没有效果。我以前研究过一些开源代码，这些代码没有注释，也没有文档。我就硬着头皮持续看，在文件之间穿梭，来回分析，一遍又一遍。最开始看的时候一头雾水，直到有一天突然灵光一现，把各个模块串在一起就理解了。那些以前反复看都没有看明白的地方，就像突然脱下了伪装，真相全部展露在我面前。

（6）读其他版本的论述。

当学一些很难的知识的时候，要知道，这些知识往往不会只有一个版本，可以看看有没有其他类似的著作，可能会有不同版本的解读。研究同一个知识点，通过不同角度的论述，会有助于我们理解这些困难的知识。不过也要注意，不要花太多时间去寻找不同的版本，这会占用很多本来应该用在攻坚克难上的时间。

（7）搜索不同语言的材料。

如果你的外语能力强，可以看一看外语材料里有没有关于这个问题的讨论。有时候，中文领域里某些问题的材料少的话，其他语言的材料可能会提供一些不同的视角。比如以前在社群里，我选用了一些国外的基础数学教材，帮助不少同学建立了学习数学的信心。用外文材料的一个好处是，由于不是母语，我们自然会看得慢一些，反而会更认真。

（8）向相关人士请教。

相关人士可以在某些方面点醒我们，前提就是自己一定要提前准备充分。如果没有提前学习就直接去问，别人不见得有耐心回答你的问题，因为这很容易变成一种索取式的提问。什么叫索取式提问？就像"我没钱，你能不能帮我买一套房子""你能不能把这个问题从头到尾给我讲一遍"。这时候一般不会有人理你。如果你采用咨询式的提问，可以说："我在这两个方面有些困惑，我是这样想的，你能帮我看一下吗？"然后把自己的分析完整写下来，作为提问的一部分，这样更容易得到回复。

（9）继续往后看。

看不懂，跳过去，继续往后看，平复自己因为看不懂而产生的焦虑。看到一定程度后，再回过头来审视，也许你会有新的启发。在有些时候，有些问题你之前不懂，回头看时也不会有任何影响，但有些问题如果很重要，你回头看的话可能会有新的启发。

（10）一天读一章。

很多人在学习上遇到的困难，不是因为知识的难度大，而是在学习和行动的节奏上出现了问题。破解的方法也很简单，如果是读书，每天读一章内容。这里还要扩展一下，如果一章不够，就再读一章；如果一章比较多，那就读半章。这个方法的本质是，每天把行动的节奏固定下来，然后日积月累，就会有所不同。尤其是对于大部头的书，很多人读不下去，如果一天看一章，三周左右就能读完 500 页。读完一遍，获得成就感，就可以安排读第二遍。一本书在你眼里不应该是一"本"，而应是由若干"章"组成的。采用"章"的视角，你可以很快抓住一本书的结构。结构看得多了，就能够驾驭一个领域的知识体系了。

总的来说，面对困难的知识一定不要害怕，不要觉得自己学不会。没有什么学不会的，都是人类搞出来的，你也是人，你也能学会，只不过你可能学得慢一点而已。我们要通过持续学习，建立牢固的信心，毕竟大部分时间学的大部分知识，真的不是什么人类尖端科技。

自我升级：用复盘提升进步速度

怎样从经历的事情中提取到最多的经验？复盘是非常管用的方法。复盘最早是下棋用语，意思是在下完一盘棋以后，重新回顾，看看这局棋的得失以及走法的优劣。复盘也会被证券交易员使用，检视自己在交易时的决策是否正确。

（1）复盘的目的是"有则改之，无则加勉"。

复盘的核心要考查两个方面。一个是做错了什么，"改之"，另一个是做对了哪些，"加勉"。很多人容易把目光放在做错了哪些上，结果就变成"批斗大会"，其实这样做是不够的。复盘的同时还要关注自己做对了哪些。

有时候，我们歪打正着做对了一些事情，但是并没有意识到这是正确的做法，于是在下一次行动中，那些原本正确的事情没有坚持，就有可能犯错。所以对那些我们做对的事情，要梳理出要点，继续强化，确保下一次能够稳定发挥。在科特勒的《营销管理》[1]一书里，有这样一个故事。有家果汁公司修改了橙汁外包装，放弃了在橙子上插根吸管的经典图标，由于事先没有做好消费者反应测试，结果新包装导致销售额下降了 20%，几个月后，该公司又重新换回了旧包装。

在复盘做错的事情时，要注意正确归因，要在自己身上找原因，用积极的心态去看待错误：需要怎么调整与改进，以期在下一次取得更好的结果。但是也不要过分苛责自己，过分苛责会让我们自责和内疚，从而变得垂头丧气，毕竟有时候我们能力有限，能够承认错误已经很不错了。在面对错误的时候，不要从"情绪"上过度回顾，却不在"事理"上梳理，否则下一次仍然会犯同样的错误。

（2）只要有经历，就可以复盘。

复盘的难度就在于我们通常不愿意回头去看已经发生的事情。我们往往对即将到来的"未来"，要比对已经逝去的"过去"更感兴趣。这个现象在认知心理学领域也有人研究过，人们对于同样一个信号刺激，如果在同一个地方再次出现，反应会更慢一些。

大家可以想想看，平时在学习的时候，即使是很重要的知识点，是不是学了两三遍以后，就会觉得自己应该都掌握了，就变得没那么有耐心继续学了。读一本书，一旦认为书里有些内容已经知道了，就会跳过去，但是到底是不是真的知道，还是只是以为自己知道，那就只有天知道了。人是天然不愿意复盘的，

---

[1]《营销管理》，菲利普·科特勒、凯文·莱恩·凯勒，格致出版社于 2016 年出版。

即使受到了教训，也会选择快速忘记，然后期待明天会不一样。

针对不愿意复盘的行为模式，解决的方法是，将复盘的工作灵活化、便捷化，降低我们开始复盘的门槛。复盘可以随时随地开展，可以复盘一件事情或者一项完成的工作，也可以复盘一天的情绪或者与家人的亲密关系。复盘的核心是要跳出来看自己，跳出来看与自己有关的事情，即剥离情绪，冷静观察，全面分析，得出结论。

复盘的方式可以很灵活，只要我们有经历，想总结经验，就可以进行复盘。小的复盘可以写一些要点，大的复盘可以写文章总结，丰俭由人。

> 听说你"脱单"了，写个复盘吧。
> 听说你考上研究生了，写个复盘吧。
> 你刚才刷了一小时的短视频，写个复盘吧。

只要有经历，就可以复盘。

（3）最有效的复盘方式是持续问自己问题。

有人说，我不熟悉复盘的操作。其实比较简单，持续问自己问题就可以了。我梳理了一些问题，供大家参考。

> 我刚刚完成了什么事情？我经历了怎样的事件？
> 在刚刚经历的事情当中，发生了什么？我看到了什么？我想了什么？我做了什么？

> 这件事情的目标是什么？事情的发展是否符合预期？有什么是在我预料之内的？有什么是在我预料之外？我做对了什么？我做错了什么？
>
> 在这个过程中，我的情绪有什么变化？这些变化是由什么引起的？我在感受到情绪发生变化之后，做了什么事情？现在来看，这样做是对的还是错的？
>
> 如果得到了预期结果，是因为做对了哪些事情？做对的这些事情，到底是因为我的判断是对的，还是因为我运气好，赶上了好时机？
>
> 有哪些事情没有得到预期结果？得不到的原因是我的误判，还是遇到了不可控因素？
>
> 回顾了以上问题，下一步要如何处理？

每经历一件事情，在复盘的时候，可以参考以上框架，自问自答，把答案写出来。这样一来，**复盘就像自己和自己对话**。我们通过不断回顾梳理这个过程，来审视自己的行为是否妥当，以及下一次应该怎样去修正。这样持续做下去，还能修正自己的"第一反应"。

（4）多人一起复盘，团队共同成长。

复盘是"实战"后的重要环节。复盘既可以一个人完成，也可以由多人共同完成。如果你的团队一起完成了一件事情，那么大家找个时间坐在一起开场复盘会，将会有很多意想不到的收获。

在多人复盘会上，每个人从自己的视角出发分享对一件事情的理解，并倾听他人的观点与看法，经过一轮又一轮的交互沟通以后，大家再对所有观点和看法进行整合与升华。通过集体复盘，可以梳理经验教训，凝聚共识，互通有无，形成下一步工作要点。

除了在一起开会，多人复盘也可以有更灵活的形式。比如你和好朋友一起参加了一场线下活动，结束之后，可以一起聊一聊在活动中遇到的不同的人，交流一下各自获得的不同信息，甚至可以从参与者角度讲一讲活动组织方面可以提升的地方。在多人复盘中，只要能从当时的事件中跳出来，以旁观者的视角看待共同经历的事情，那么就会是一次很有价值的复盘。

（5）日记录、周总结、月复盘。

把复盘这件事持续做，细化到每日、每周、每月。不过不要有压力，日、周、月的侧重各有不同。每日记录只要做简单记录即可，记录下当天做了什么事情，第二天打算做什么；每周总结就在每日记录的基础上，归集梳理本周的收获与体会；每月复盘就在每周总结的基础上，回顾本月的状态与完成的工作。

如果你有这种复盘习惯，就会发现自己能够快速从行动和学习中不断吸取经验与教训。与此同时，你的时间管理能力也会提升。在年中或者年末需要做大总结的时候，你就可以很方便地盘点出自己这一年做了哪些工作，并交上一份满意的时间答卷。

保持专注：用问题引导前进的方向

大千世界，时时刻刻都在发生着各种各样的事情，而我们的大脑无法同时处理和关注这么多事情，于是只好通过"专注点"来解决。专注点既包括选择关注什么，也包括选择不关注什么。那些你选择不关注的，并不是因为你"心有余而力不足"，而是因为你主动选择删除，不去管它。专注点是我们的目标，是我们的能力圈，是我们要搞事情的地方，也是我们人生成就所在。

（1）用问题把自己拉回来。

选择什么样的专注点，其实就来自我们问自己什么样的问题。我们在学习的时候，非常容易被手机里的消息、电脑里的弹窗，以及走神习惯打断，以至于会忘记自己本来要做什么：我怎么就打开了一个游戏界面呢？怎么就打开了微博呢？我原来是要做什么来着？

当专注点发生转移时，可以通过提问题的方式把自己拉回来。以下场景，你是不是经常遇到？

> 你在读这本书的时候，如果觉得其中有两句话说得非常好，产生了共鸣，于是在书上画了线，拿起手机拍了照，想发条朋友圈感慨一下。
>
> 你打开微信，发现有10条未读消息，于是忍不住点开看，

> 看到有老朋友留言，就开始和他聊起来。聊了10分钟后，老朋友给你推荐了一门课，你下了单，他赚了佣金。
>
> 你开始听课，听了几分钟后，你突然发现自己本来是要发朋友圈的，于是赶紧发了朋友圈，却忘记了自己明明是在看书途中拿起手机的。要不是手里还拿着那本看了不到一半的书，差点就忘记了自己是在学习的。

成年人的学习就像在黑夜里行走，摸不清方向，经常被带跑，看上去跑偏的每一步都有理有据，要么是朋友来找，要么是消息提示，要么是突发奇想，都是重要紧急的事，都是必须马上处理的事。但是俯瞰我们的学习轨迹，就像在转圈圈，始终在原地踏步。最后自己也不知道自己在哪里，自己要去哪里。

迷途要知返，知返的方式就是在黑夜里明确自己的灯塔，要始终牢记问题。通过持续问自己问题，把自己拉回来，确保航向不偏离。我们在学习中开始走神的时候，不妨问问自己：

> 我到底想要学到什么东西？
>
> 这本书到底在讲什么？
>
> 为什么要先讲这句话？第二句话和第三句话有什么关系？这一章和下一章有什么关联？
>
> 作者引用这个例子为了说明什么问题？有没有考虑不周到的地方？

在读书学习的时候，要一边看一边思考，思考的方式依旧是不停地问自己，不停地给出回答，再将书上谈论的问题和思考结果进行比对。这样一来，我们就会变得非常积极主动地去学习，效果会非常好。

提问题可以提升学习效率。我们可以在学完之后，给自己设计一些问题，自己来回答，或者让别人设计问题我们来回答。如果我们答得上来，而且还答得好，那么说明我们对知识掌握得很好。这时候，我们才算学会。

（2）拥抱好问题，远离坏问题。

好的问题能帮助我们学会，坏的问题会让我们沉沦。你现在要学一门很不喜欢的课，这门课你学得非常痛苦，总感觉学不进去，内心纠结迷茫困惑。于是你问自己：

> 我怎么这么笨，总是学不会？
>
> 为什么我要经历这些苦难，到底什么时候是个头？

这类问题，是死循环问题，会让你掉进情绪陷阱里，找不到突破口。"君子不立危墙之下"，要学会问好问题。如果你经常问自己："为什么我总是运气不好？为什么我总是遇到坏人？为什么我总是学不会？"你的大脑也许想半天也想不明白，于是你会对自己说："因为你笨，因为你蠢，因为你不配。"这种简单明确但是却有杀伤力的回答，往往是由坏问题引导出来的。这些糟糕的问题，就像绳子打了死结，理半天都理不清。

坏问题的提出，有时候是习惯使然。有的家长在培养孩子的时候，也会提出坏问题：为什么这么简单的问题你都不会？为什么你这么笨？为什么别人家的孩子都没有问题你却不行？除了家庭环境，到了职场上，我们也会遇到一些不合格的领导，同样会采用这样的提问方式：为什么这么简单的工作你都做不好？为什么你脑子这样不好使？为什么明明20分钟能做完的事情，你半个月还没做完？这些问题坏就坏在，对方先抛出一个前提，把我们框进去，让我们解释，于是我们也就真这样开始想自己了。当我们遇到这样的问题的时候，首先不要着急回答，而是跳出来看看，这个问题会不会有什么问题。

（3）把好的问题转化为生产力。

学习新知识时常会感到痛苦，这个问题我相信每一个追求进步的职场人都会遇到。在遇到这种情况时，可以试着换一种提问方式：

> 既然这门课那么难，我可以做些什么事情，把这门课学好？

只要你能提出正确的问题，你的大脑就会想方设法去实现，就像黑夜里的灯塔，人们总是会非常向往，并自发地迈出脚步走近它。针对上面的问题，我们再进一步提问：

> 既然这门课那么难，我可以做什么事情把这门课学好，同时还可以让我在持续学习中收获知识和成就感，乐在其中？

同样的事情，用不同的问题来认真地问自己，你会感觉整个人的精气神都不一样。对比以上两个问题，相信你会马上看到区别，原来我们的关注点是非常消极的，我们总是想抱怨或者想抒发忧愁情绪，然后得出一些让我们无法改变的答案。但是下面一组问题会让我们开始积极主动思考，自己还能做些什么。

> 我还能做些什么，让我的学习更加有效率？
> 我还能做些什么，扭转这个消极的局势？
> 我还能做些什么，激发大家共同战斗的积极性？
> 我还能做些什么，让我在绝望中仍然能看到希望？
> 我还能做些什么，让我以后不至于后悔？
> 我还能做些什么，让我感觉不一样？

你看，问题的价值在此显现了。我们在知识的海洋里遨游的时候，有时候会由于体力不支、情绪崩溃，持续学习的大业就要中道崩殂，这时候我们应该用问题提醒自己，用问题为自己补能，想想自己当初要做的到底是什么，这样才不容易迷失。

所以在看书的时候，不要被动吸收书中的内容，而应该思考这些内容是由于解决什么问题而产生的。不过有时限于篇幅，书里未必会把知识的来龙去脉介绍得非常清楚，更多的是讲知识的发展现状。当我们看到知识的发展现状时，往往不知道它们为什么而来。

在大学里，工科专业的学生要学习线性代数这门课。这门课在最开始就讲行列式、矩阵，很多学生学起来非常吃力，原因就在于他们并没有经历过问题的"拷问",而是直接拿到答案。线性代数其实是一种数学工具,是在处理方程、信号、数据的过程中抽象与发展起来的。当你需要解决更复杂的数学问题,比如处理人工智能领域里的海量数据时,自然会意识到其重要性。但是初学线性代数的一些人,并没有经历过这些问题的"拷问",也没有面对过具体的工程问题,意识不到学这门课的重要性,也就会缺乏学习的动力,很难记住里面的知识点。这就进入了一个负循环,没有问对自己问题,关注点不对,动力不足,掌握不牢,以至于削弱了后续提升的潜力。

在学习的时候,尤其是遇到自己畏难或者偏科的领域,要学会用问题来引导自己正面面对,而不是逃避问题。知识是相互关联的,你以为能逃避一时,但是会发现十年二十年后,你逃避的问题又会以更残酷的形式回来,最终还是要硬着头皮上。既然如此,为什么不在一开始遇到的时候就把它学好呢?假如我们要持续学习一百年,当年的老朋友总是会再见面的,根本躲不掉。

换位思考:怎样提出一个好问题

我的个人微信号是免验证的,只要别人加我为好友就能自动通过,可以直接给我发信息。每天我都会收到各种各样的问题,有的问题我会回复,有的问题我不会回复。

对于能回复的问题,一般是两种情况:一是,如果是我认识的读者或者社群的小伙伴,会优先回复;二是,如果提的问题质量较高，能够在短时间内处理的，我会先处理。不回复的原因也很简单：一是问题表意不清，看不懂对方要表达什么；二是消息太多没有及时看到，就被刷下去了；三是在回复以后，对方居然开始和我闲聊，我就不再回复了。

我这样做，不是摆架子，而是精力有限。加我微信好友的人不少，以前每年我会被动加满两个微信号，好在后来微信好友容量翻了一倍，不然我出门要"带"上所有的微信号，会被当成修手机的。你看，当你想要向他人提问题时，可能对你来说就是想要问题的答案，而且是"现在""马上""立刻就要"。而在对方那里，看到的可能是在一堆未读消息列表里的一行小红点。

从这个意义上说，提出一个好问题太重要了。对你来说，问题问得好，更容易得到答案。从对方的角度说，问题问得好，能马上解决，而且也省心。

什么样的问题是好问题呢？假如你要向其他人提问，而你们之间又不是很熟悉，甚至可能只是初次建立联系，以下要点也许对你有帮助。

（1）初次沟通要做简明的自我介绍，表明身份，最好能找到共同点。

我遇到过一些朋友，加上微信好友后就说"您好"。这个"您好"的确很有礼貌，但是作用是什么？是纯粹打个招呼，还是等着我回复"您好"，再开始发问？如果我不回复，那么就一直憋着，等待另一只靴子落地？

另一个极端是，加上微信好友后，对方发出一长串的自我介绍，洋洋洒洒几百字，手机屏幕要刷掉两屏。这样的方式比"您好"会更进一步，但其实也不够好。假如我正好有空，可能会复制对方的介绍，保存在他的"备注"或者"描述"里，但是如果文字太长了，就很麻烦，很多人不会看。而且一些人会给自己加一些无意义的标签，比如各种"第一人"。

最好的方式就是，先用一两句话介绍自己，当然要先带上对方的称呼。比如，"××老师好，我是 Scalers，《持续行动》的作者，通过××加您好友。"注意，"通过××加您好友"，是说明来意的，这一点很重要。有时候你可能是通过某个社群里的信息添加对方为好友，有时候可能是在某次演讲上认识了对方，也有时是经他人介绍，这都需要简单注明一下。而加上这个信息的根本目的是寻找共同点，一般是共同的朋友、共同的社群、共同的事件，甚至读过对方的作品，这些都是可以的。

当然如果你还愿意多做一步，可以直接给对方发一条单独的备注内容，对方如果要加你为微信好友，就可以直接复制，不用选择。要记在，当你要麻烦别人的时候，让对方越省心，对方的时间就越容易放在重点上。我们对不熟悉的人总是更容易吹毛求疵，所以在初识时尽量做到让对方省心舒服。

（2）问题开门见山，一次说清，不要小短句喋喋不休，不要发语音消息。

我遇到过一些新认识的朋友会通过聊天框把消息以半成品的方式一条一条发过来，先发上半句，再发下半句。这是在"凌迟"

吗？比较妥当的方式是，用简短的语句把问题说明，然后编写好一段话，排好版，必要的时候加上空行以及编号，发送给对方。

还有一点很多人提到过，不要发送语音消息，哪怕你认为自己的声音很好听。除非你们的关系已经很熟悉了，这时候发语音消息反而是一种亲切的表达。

最重要的是要开门见山，直接表明来意。什么意思？

> "S老师，我今天就是来和您打声招呼的。"

这就叫开门见山，也就是你提前告诉对方，不会有什么事情要麻烦对方。

> "S老师好，今天有个问题想请教……"

这也叫开门见山，我知道你想要聊什么事情。

但是，千万不要做的一件事情是"登门槛"！什么是登门槛？就是最开始是打招呼，紧接着会问一个简单的小问题，然后问一个中等程度的问题，最后再问一个大问题。小问题两句话能解决，中等程度的问题如果要解决好，可能要花十分钟，大问题如果当成咨询或者课程来解决，时间要花半天以上。如果你这么做，我就知道你是来"白嫖"了。

我遇到过一些自以为聪明的人，一上来先用"拍马屁"的方式客套两句，然后会问一个"小白"问题，紧接着就问："你是怎么做的,能不能教教我。"再接下来就摆出找你做免费咨询的架势,完全忘记了我们不过是刚刚加上了微信好友。

人和人之间是有距离的。这就意味着,你不可以在街上看到一个人就随便去牵手拥抱,这是很亲密的人才能做的事情。同样地,你也不能把一个人加为微信好友后,就让对方教你,要和对方讨论深刻问题,除非对方指望能从你这里得到什么。

我们要保持好人与人之间的距离。这个距离的拉近需要时间、需要你的诚意。

(3)初识新朋友要有诚意表示。

如果你万事不求人,那么可以和对方加上微信好友后只是简简单单地打个招呼。如果还想向对方学习或者讨教,你要做的就是"平时多烧香",才能"临时抱佛脚"。"平时多烧香"的意思是说,假如你真的想和某个人建立熟识的关系,你要愿意主动付出。

这个其实并不难,你想结识什么人,就看对方开展了什么业务,你能购买对方的付费业务,甚至还可以帮助他扩展业务,这都是可行的。这样,你可以用一种非常低成本的"公事公办"的方式获得接触对方的机会。

比如,你想认识一位图书作者,并且让他对你有印象,你可以买他的书,如果有条件,多买几本也行。然后,如果你加上了作者为微信好友,就发消息说,我买了你的书,并发一张有一堆书的照片过去，对方会感受到你的诚意。

对于作者而言，另一个有效表达诚意的方式是，写一篇有见地的书评或者读后感，这样作者会认为你理解了他的想法。如果文章发布在社交媒体上，作者还会帮忙转发。但是核心前提是，一定要认真写，并且写得好。

再比如，如果对方没有出过书，你在提问前，可以先发红包。说到钱，可能有人会觉得太功利，但是这真的是表达诚意最有效的方式之一。不仅如此，对方还可能夸赞你，说你很体面，这又是一次对你的传播。注意，发红包其实是一种姿态。这个姿态代表了你对对方的尊重，比钱的数量更重要。

所谓姿态就是你做好了你该做的，把选择权交给对方。对方看到这样的态度，会更容易回应你，而且有时候对方不一定会收你的钱。在知乎上，我会收到一些付费提问，但是知乎网页版上是无法直接回答的，需要在知乎 APP 上回答，答完之后才能收到用户的费用。但是有时候我嫌麻烦，就直接在网页版上私信回复对方了。

如果你明白这一点，就会意识到，问别人"在吗"是很不恰当的，因为你没有把选择权交给对方，别人不知道你接下来要说什么。

再说一点，表达诚意最好的方式是不显山露水地做事情。比如你想认识谁，不要只是口头上说，比如，你看我报了你的课，买了你的书，用了你的产品，现在你可以为我做点事情了吧。

一旦你开始采用这种斤斤计较的心态做事，对方会认为你只是在做交易。

付出者的核心优势就是，付出并且不在意回馈。付出带给人最大的愉悦其实是给予的快乐，而不是因为给予得到的回报。但是当你持续给予后，就会发现，回报总会从四面八方赶来。这种回报不是出于功利心，而是你真诚地愿意做一些事情。

（4）问题要体现出自己思考的痕迹。

如果你去医院就诊，医生会查阅你的病历。病历的作用就像上下文一样，能让对方更好地了解你。

提问也一样。最好的提问要包括以下四个原则：

（1）讲明你是谁。

（2）讲明你在做什么事情的时候遇到了什么问题。

（3）讲明你目前对这个问题探索到什么阶段，做过什么事情，卡在了哪里。

（4）讲明除了卡壳的地方，还想了解什么。

很多人的提问是不加思考、脑壳一热提出来的。比如：

我现在很迷茫，怎么办？

我看了你的文章，写得真好，但是我是选 A 还是选 B？

我不知道 A，也不知道 B，还不知道 C，请您指点。

对照一下前面的四个原则，你会发现这些问题非常不友好。这让我想起一个故事。以前有一位老婆婆经常帮助一些农民缝补衣服。有一天来了一个乞丐，希望也能找老婆婆帮忙。老婆婆问："您就没穿衣服，需要我帮你缝补什么？"乞丐拿出一粒扣子，说："我这儿有一粒扣子，麻烦您帮我缝一件衣服上去。"

有些问题的答案其实是系统工程，这种类型的问题就只能问问解决的大思路；有些问题是实操类问题，这种问题可以给出具体的做法。但是有人喜欢结合起来问，让回答者针对一个系统工程给出具体的做法，就像前面提到的乞丐一样，让人给一粒扣子缝一件衣服。比如"您是怎样一步步变成今天这个样子的""您是如何才能做到×××的"……这种问题都属于"白嫖"性质的问题。《持续行动》一书里也介绍了，这些是"涌现"后的结果，问一个问题是得不到答案的，因为回答者没时间给你展开讲。

还有人会说，"大道至简"，如果不能用简单的几句话讲清楚，说明回答者态度不好，说明水平不够。如果我遇到这种情况，会立即投降，承认自己水平不够。

如果想提高问题的质量，最好的方式是自己思考过。而且当你真正思考过一个问题后，你的问法会和没思考过的大不一样。在提问的时候，尽量呈现出你思考过这个问题，哪怕对方不看你的思考过程。

我建议在持续学习的过程中，如果遇到问题想找人问，可以按照上面四个原则加以梳理。很多人在梳理之后会发现，自己已经知道了答案。

有一个特别有意思的现象。我在全国各地组织线下活动的时候，问问题最多的人，并不是来自社群的小伙伴，而是来自公众号的读者。我会问社群小伙伴有没有什么问题要问，一般的答复是"没有，我心里都有答案了。""不问了，今天来参加活动就是看看你长啥样。"相反，很多只是纯粹读过文章的读者，会提出更多的问题。我内心很感谢他们专程来看我，但是能看出来，有的问题并不是在寻求答案，而是在寻求确认感。但是我从来不是知心姐姐，我是那个戳痛膝盖的人。

第五章

从"会学"到"学会"

"会学"是一个过程，而"学会"是取得结果。过程和结果相伴相生，是一对亲兄弟。我们在招待亲兄弟的时候，要一碗水端平，要伺候好两位客人。没有结果的过程，要么就是过程还没结束，要么就是过程执行不到位；而没有过程的结果，是空中楼阁、无本之木。

我们不能沉迷在"会学"的自我感动中，而是一旦愿意学习，马上采取各种方式主动检验自己到底有没有学会。比如，让自己输出、让自己付出真金白银的代价、让自己接受更多人的考验。

一旦学会，主动输出

学会的关键在于应用，这既包括把学到的技能用在生活中，也包括把学到的思想用于指导自己的行动，还包括带动更多人走上持续学习的道路。经常听到有人说："不要学习了，都快要学傻了。"这些都是持续学习路上的干扰声音，真正坚持持续学习的人，只会越学习越耳聪目明。

一听就懂？那就输出

经常遇到一些人，不管学什么，感觉他们马上就能懂。于是我就问，你用自己的话说说看。结果对方就会像茶壶倒饺子——说不出来。如果你一听就感觉已经明白了，那么就自己做出来、写出来、讲出来。一听就懂，那就输出。

很多知识类产品，我们在用的时候感觉特别爽，获得感很强，但是不要仅仅满足于自己一听就懂的状态，而是要打破幻觉，独立输出。比如你读这本书,如果觉得这些内容我都懂,那么要不要写出来看看?

一旦开始要求自己输出,就会发现幻觉破灭,你真正掌握的并不多。这时你才真正开始构建自己的体系,知道要什么。这时候如果翻回去做输入,去读书,效率会成倍提升。不过大部分人是不愿意输出的,输出太辛苦了,甚至很多人觉得"写点啥"就像要了命一样。于是即便是在持续学习,也不容易有长足进步。

一定记得,如果你看一样东西,一看就感觉自己知道了,你的第一反应应该是,我能不能自己做出来、讲出来、写出来?如果做不到,就不要随便开口说"这个我知道""这个我懂"之类的话。

当学的知识多了时,你会发现,世间有很多智慧,并不是一听就懂、一看就会,而这些才是需要花时间精耕细作、提升和领悟的地方。很多知识连看都看不懂,无论怎么写,也是写不出来的。比如有人一辈子不学习,仅凭自己的直觉是无法写出一部《资本论》的,这就像让猩猩敲键盘,一百年也敲不出一部《莎士比亚作品集》。

学习必然要读那些让人感到有压力、有难度、在认知边界以外的作品,那些不知道自己不知道的东西,最容易点亮我们知识的星空。而那些一学就懂的知识,也不要对着它们扬扬得意,感觉良好,你试着自己写出来!

正因为自己做不出来,所以反而需要认真学习,不能有半点马虎。我们甚至不能"按照自己的需要"功利地读书,因为当进入自己的知识无人区时,"我们的需要"可能完全不靠谱,我们拿着锤子的时候,就容易看谁都像钉子。当进入知识无人区时,我们要做的就是扎实地勘探,先跟上作者的逻辑,以作者的视角看他想让我们看的。在知识无人区是有可能创造全新打法的,这会和过去若干年前我们所有的认知模式不一样。

持续输出,不如写书

如果不知道自己有没有学会,那就写出来。写作从易到难,分别是写句子、写段落、写篇章、写长文、写报告、写专著。当进入写专著的阶段,其实就是在写书了。从"持续写书"的标准看,这是要求自己持续输出,是推动我们从"会学"到"学会"的有力武器。

(1)写书的两种认知偏见。

关于写书,有很多错误偏见,其中有两种最为典型。

(a)写书太难,我不配。

有的人说,写书太难了,我怎么能写书呢?有的人说,写书太神圣了,我不配。

我曾经的想法也差不多,会认为:"书是如此神圣的事情,不能随便写。现在我还年轻，所学知识经不起时间的考验，要写就写经典。等年纪大一些，用毕生的经历去写。"

现在看来，这是完美主义陷阱，以为经典作品真的是靠"等"或者"年纪大"才能写出来的。而等年纪真大了，我们会不会又说："我年纪已经大了，写不动了，所以干脆就不写了。"

写书的确有难度，但是有难度的事情，不正是持续学习的人摩拳擦掌要去挑战的吗？把写书过于神化，是很多不经常写作的人可能产生的认知偏见。

（b）写书能赚钱，能出名。

还有一些人，完全不把写书当回事，而是把书当成"导流"商品。书就是广告，广告就是书。他为了维护书的最后一丝尊严，勉强在广告里加一些内容。通过书里的内容，把读者的注意力转移到后续其他产品上，从而获得更多利润。

在广告里写书的人，就相当于在大街上把书当广告传单来发。读这些书，会感觉在浪费纸张。而有人之所以会买这类书，可能就是知道了作者的名气，于是买一本随便看看。

你看，同样是写书，有人觉得太难、太神圣，千方百计不写；而有人把书当广告，大量出书，降低了图书质量。

（2）写书应该持续投入。

商业社会，有人愿意写，有人愿意出，有人愿意买，有人愿意送，似乎并无对错可言。不过有意思的是，那些认为自己毕生应该只写一本书的人，由于缺乏写作的持续练习，可能最终一本书也写不出来。而那些以"商业变现"为写书动机，并且什么话题火写什么的人，可能最开始的作品质量并不高，但是由于他们长期练习，甚至以此为生，持续写下去，竟然会写得越来越好。

我认为，写书最重要的一点就是看作者在写书的时候是不是投入和认真，是不是心存敬畏。只要作者很认真，那就无可厚非。作者有没有认真写，大部分读者是能看出来的。如果作者认真写，仍然写不出好作品，只能说明这位作者才华有限，仅此而已。遇到这种情况，读者赶紧换书读，作者也可以换读者。不过我认为，还是不要打击一个才华有限但是认真做事的人，持续保持认真态度的人，很有成长潜力。

但是不管怎样，写书这件事情，值得终身持续投入。

（3）写出来是检验学会的标准。

本章讨论的是"学会"，如何鉴别自己有没有学会？有人说去教别人，教会了就算学会了。我觉得"教会别人"的前提是有人愿意跟你学。要找到愿意学的人，也是挺麻烦的事情，门槛不低。而且，"教会别人"又涉及"别人"有没有学会，而判断别人有没有学会，是不是又需要别人再教更多的"别人"？当在用"别人有没有学会"来检验自己有没有学会的时候，我们就犯了循环论证的错误。换句话说，这是在"套娃"。

所以，与其教别人，不如自己写出来。注意，写书不等于出书。你可以按照书的规格写，但是是否出版则取决于很多条件，比如是否有出版社愿意合作、主题是否贴合市场需要，等等。但是这并不妨碍我们用写书的高度和标准来要求自己。假如你觉得自己学会了，那就写一本书，用自己的话，写你学到的知识。写的时候不要看任何一本曾经看过的书，而要用自己的话写出自己的理解。

写书的目的不是让作者在市场上找到一个绝无仅有的定位，作者也不要认为市面上已经有人出版了类似主题的作品，就选择不写。写书更多的是强迫你从一本书的角度，去系统梳理、总结你对一个问题或者一个领域的理解。写书这件事会倒逼你从零开始思考，一点点拆解与构建。你会不断拷问、审视自己，而这才是写书的价值。当你最终独立地把书写出来时，既考查了你对知识体系的掌握程度，又锻炼了谋篇布局的能力，还能提高语言组织能力。至于书是不是要出版，是否要变成铅字，这并不重要。如果你能一本一本持续写，出版一本书，那是迟早的事情。

如果一个人能够驾驭更宏大、更完整、更复杂的知识体系，说明他对这个领域知识的理解更深刻，学习也更到位。书就是一种最好的输出形式，是一个人与世界交流的重要方式，是一个人学会与否的重要体现。

如何写书，是对学习者的终极考验

当你要写书的时候，就会发现写书对作者的要求是很高的，你不再会轻视一本书，眼高手低地搞"一天读一本"之类的游戏。写一本书就像建一个超级工程，既要有蓝图，又要有具体的施工方案，在不同阶段要做不同的事情。这些都是对学习者的终极拷问。

> 你到底有没有想清楚？
> 你到底有没有学明白？
> 你要先说什么，再说什么？
> 这本书的章节应如何划分？篇目应如何选择？
> ……

一本书总会涉及一个特定主题，主题会被拆解成若干章节，每个章节各有侧重，它们又由若干篇文章组成。每篇文章还能再分成各个小节，小节由段落组成。每个段落又由开头、中间、结尾等部分构成。

写书之前，首先，作者要在脑海里构思出一个全面的图景，知道要把写作主题拆解成哪几个部分，哪些要重点讲，哪些可以一带而过，以及哪些是已经解决的问题，哪些是长期以来的争议问题。这些就是一个领域的基本结构。这就像参观一套房子，要知道哪里是客厅，哪里是卧室，哪里是阳台。

其次，要把领域里相互关联、错综复杂的知识拆解开，按照章节顺序分门别类排出来。这时候在你的脑海里，书是一章一章地呈现出来的，是可以看到的立体形象。同时，在写作的时候，还要克制住自己，既不能什么都说，也不能什么都不说，内容既不能过于简单而失真，也不能过于烦琐而难读。因为说得太多，篇幅过长，会占用过多的版面；而说得太少，问题没有讲清楚，又不容易让读者理解。

最后，写书的时候要对抗自己的各种情绪反应。你可能会边写边批判自己，觉得自己写得不好，文字功底差，很多细节没有表达清楚，内心纠结难受。因此，在这个过程中必须时刻同自己的心魔做斗争，才能把工作持续推进。同时，成稿以后，还要重新梳理全书稿，确保内容和观点前后一致且没有疏漏。

现在网络非常发达，你可以把自己的文字直接发布在网上。这些文字会被人看到，如果对他人有价值，你会收到反馈，从而认识一些读者，生活可能会因此而改变。这些文字的价值，更多地展现了你有清晰的思考，你把一个问题搞通了、弄懂了、学会了。这些文字最终是学会的见证。读者之所以愿意受到影响，接受作者通过文字向他们输送的价值，是因为通过阅读作品，认可了作者这个人。

一个持续学习的人，应该定期输出、定期写作，然后集结成册，形成作品。假如要持续学习一百年，我们可以每几年就写一本书，总结自己的思考，检验自己的学习。只要我们的学习有进步，行动中带有思考，这些书就不会没有价值。而一本真正有价值的书，也不需要担心销量。只要你一本一本写下去，不断提升优化，你大概率会成为畅销书作者。

网络上有一句话叫"输出倒逼输入"，相信很多人都听过和用过。这句话最原始的表述是我在 2014 年 1 月刚开始写作时，在一篇文章里写到的，我曾通过搜索引擎做过调研，发现没有比这句出现时间更早的了。不过这只是后半句，完整的版本是"输入驱动输出，输出倒逼输入"。输入代表我们的学习，输出就是把事情做出来，把内容写出来。

就像我写这本书一样，这本书代表我的思考、行动和实践，也是我的财富。我相信只要你认真看，认真思考，就一定会有启发，最终落实到行动中。如果只是随便翻翻，大概看看，那么这些文字就会和你之前看到的许多文字一样，很快被你抛在脑后。

不过，假如我又学会了新知识，我还是会持续写书的。

用真金白银检验自己的判断

当我们持续学习后，会对世间万事万物慢慢产生自己的想法和见解，最终成为能够独立思考的人。这种见解不是顽固不化的理念，也不是随波逐流的想法，而是可以动态更新、有活力的认知体系。

怎样验证自己的见解正确与否？**最基本的方法就是"做预判—做事情—看走向—得结论"**。先预判事情的发展走向，根据预判采取行动。比如，如果你看好一件事情，就投入时间、精力和金钱，再看事情的后续走向是否与预期一致，反向检查自己对前期预判的思考是否周全、分析是否严谨。如果预判对了，就顺势收获了回报。但在欣喜的同时，还要思考哪些地方判断对了，是正好蒙对了还是真正想对了。如果预判与实际不一致，也不要怕付出代价，要吸取教训不逃避，重点是要找到自己的知识盲点。能够付出代价，是我们进步的重要原因。

为自己的理念买单，学习就是这样一件高度知行合一的事情。

敢为自己的观点下重注

持续学习的一个很重要的目的就是，让我们对世界的认识形成自己的观点。而确信自己观点正确的办法，无外乎就是愿意付出代价，敢于承担风险，敢为自己的观点下重注。当要付出代价，要承担责任时，我们在做决策时就会格外认真。

投资就是一种检验学习效果的方式。如果你看好一家公司，就把真金白银放进去。假如判断准确，就会获得收益；假如亏钱了，就要认真思考，到底是之前的学习不到位，还是判断没问题，只是仍需要一些时间。如果你只是说看好哪个东西，却没有行动跟进，这就是一次空谈。在持续学习的世界里，空谈会让一个人眼高手低。

我们可以尝试思考以下几个问题，来检验自己的学习成果。

> 你如何看待自己未来 3~5 年的职业发展？你认为那时候你会成为一个什么样的人？收入会是多少？事业会是什么状态？
>
> 你认为你所在的行业未来3~5年会有什么变化？是朝气蓬勃还是缓慢下滑，是一片坦途还是震荡不已？
>
> 你认为未来中国经济发展会有什么特点？你觉得哪些行业的发展速度会超过平均水平？哪些行业可能正在被淘汰？
>
> 对于你看好的行业，你会把多大比例的积蓄用于购买你看好的公司股票？你能承受多大程度的风险？

世间有那么多人,那么多想法,每个人的想法有可能是对的,也有可能是错的,最重要的是我们要有自己的想法,并愿意为之付出代价。只有付出代价才会让我们产生刻骨铭心的记忆。只有亏过钱,才能让我们意识到认真学习、独立研究的宝贵之处。

当开始真正踏上学习之路后,其实你开启的是一条"犯错—付出代价—修正、进步"的道路,经过这些曲曲折折的过程,最终会获得属于自己的认知与收获,这会是你宝贵的精神财富。

我买的股票涨了 10 倍

在北京想要有一辆自己的汽车,要么摇号,要么排队。2019 年,我拿到了北京新能源汽车购车指标,开始关注新能源汽车。经过朋友推荐和综合比对,我买了一辆"蔚来"汽车。那时候蔚来公司一直在亏损,还出了舆论事件,甚至有人觉得这家公司破产是迟早的事情。

有个朋友在那家公司上班,给我提供了试驾机会。接触以后我发现,这家公司重视用户运营,会打造用户社区,并根据用户的反馈修正运营策略,而且老用户口碑相传带来了新增的汽车销量。据了解,超过一半以上的新订单是由老用户介绍而来的。

我自己也是运营社群的,深知社群的力量。当我看到蔚来公司的运营模式时,眼前一亮,感觉这是对的方向。

当一家公司为用户上心,用户也为这家公司的产品上心时,公司发展的基本面是非常牢固的。我在 2020 年 3 月买了蔚来公司的股票,还在自己的公众号上发布了一篇文章[1],分享了我的分析与思考逻辑。当时我主要考虑到以下几方面的因素。

> 蔚来公司的用户社群价值很高,如果能保持下去,极具价值。
> 蔚来公司的上门取送车等配套服务能节省用户很多时间。
> 自动辅助驾驶可以节省驾驶员一部分开车精力,减少犯错次数。
> 换电技术可以延长汽车寿命,可以变更性能更好的电池。
> 线下俱乐部模式可以增强用户体验,提高用户归属感。
> 汽车操作系统可以远程升级,并支持功能更新,让汽车焕发新生。

当时写这篇文章的目的不是推荐股票,而是分享我的思考。后来的结果就是,这次投资带给我十多倍的回报。

回顾这段经历,如果不是需要买车,如果没有运营社群的经历,可能我都不会做出这个投资决策。毕竟回溯那时候的舆论环境,很多报道都在讨论这家公司何时破产。但是我经过分析认为,

---

[1] 《新能源汽车代表未来》,来自微信公众号"持续力"。

事实并非媒体所报道的那样,其实在亏损的背后有另一股暗流在涌动,那就是用户的坚决支持,因此我最终做出这个决策并且坚守住了。现在梳理与复盘,我认为其中很重要的一个原因就是,因为有持续学习和思考,我形成了自己的看法,最终能够承担风险。

最终在 2020 年,蔚来公司的股票涨了 10 倍以上,最高时达 20 多倍,这也确认了我对前面的几个判断是对的。用户对产品与企业的深度认可,老用户的强烈推荐对产品销量的贡献,产品销量稳健增长等,都是企业增长与发展的重要因素。当年的后续故事就是,蔚来公司得到了合肥市的战略投资,扭转了形势,缓解了资金压力,脱离了危险线,进入新的发展阶段。另外,我对换电技术的判断,也与国家后续出台支持换电技术发展的政策是一致的。

现在,我把这些故事写出来让读者看到,时间可能过去了好几年。而当读者看到的时候,并不代表在此刻模仿这些决定去做就是正确的,所以我这些分析不构成当下的投资建议。市场环境是不断变化的,上一个 10 倍盈利发生了,不代表马上会有下一个 10 倍盈利。照搬照抄其实是忽略了过程而想直接拿到结果,这是容易犯错误的。从这个角度看,我们要知道自己所学的东西在什么时候是不适用的。这是下一节要探讨的话题。

想吃肉，就要能挨打

如上节所述，如果我们对一件事情坚信自己的判断，就应该做出一些决策。而要知道决策正确与否，可以试着用自己的真金白银去检验。当知道自己的判断带来了经济损失的时候，我们会学习得更认真，这时候才算真正"为自己学习"。

生活中我们错过一趟航班，或是没有赶上火车，耽误了时间，损失了金钱，会感到心疼。但是此时更多人可能会安慰自己，而不会思考背后的原因。付出了代价，就意味着之前的认知与行动存在偏差，比如低估了交通拥堵状况、高估了自己行动速度，或者麻痹大意看错了地点。下一次在处理类似事情的时候，我们就需要注意，同样的错误不要再犯第二次。

不断用代价来调整自己的行为，是为了让认知更接近真实的情况。再以投资为例，股票交易看上去只是一个简单的买卖动作，而背后所要下的功夫其实非常深厚。要对一件事情形成正确判断是不容易的，很多人会跳过下功夫的过程，采用跟风操作的方式进行投资，这样容易让他们付出惨痛代价。

很多人不愿意研究一个行业、一家公司，只是听别人说这只股票好就买这只。假如最后赚了，他们看上去得了便宜，但是却不知道为什么赚了，反而会很危险，因为他们会继续跟风，然后不断加码，直到最终赔钱。假如最后赔了，由于价格波动过大，会让他们感到恐慌，容易提前下车，在黎明到来之前放弃。

因此，如果学习不深入，就容易被表面现象所干扰和迷惑，最终做出错误的决定。

学习也是一样的道理，不能因为在学习上遇到了较大困难就放弃学习，认为学习没有价值。而在看到别人在学习上取得了成果，又起心动念，要去学习。因此，不能只想吃肉，不愿意挨打。

如果你认为自己是对的，就用时间、精力和金钱去证明，去实践，去检验，不要害怕错误，我们总是要在错误中持续学习、持续成长。

知道"方法"在什么时候不能用

最近,网络上出现了一个相对刻薄的词,叫"小镇做题家",代指只会死读书的人,他们出身小城镇或农村,擅长做题,考试拿到高分,一路考进不错的大学,有一个超越同龄人的起点。但是由于视野有限,他们只会埋头苦读,只会做试卷上的题,却不能做生活的题,于是长远的发展受到限制。

对"小镇做题家"好一点

我一直认为,"小镇做题家"这个说法,如果不是来自一群人的自嘲,而是来自另外一群人大张旗鼓的冠名,那么这就是非常刻薄的行为。起这个称呼,从某种程度上说夹杂了"偏见""刻板印象",以及对不同群体的"歧视",是比较严重的制造对立面的行为,应该受到严厉的抨击与反对。是谁会喊出"小镇做题家"的称号呢?"小镇"的对立面是什么?"做题家"的对立面是什么？喊出这个"小镇做题家"的目的是什么？稍微一想，就不难理解，这或许是一个"概念陷阱"。

每个人选择不了自己的出生环境，不管是出生在小镇，还是出生在城市，都无法改变，所能改变的就是在客观环境里不断努力、向上生长。面对经济的发展与城市化的推进，会有越来越多的人从小镇走出，走进城市。这得益于时代的馈赠，通过持续做题，获得到城市求学的机会，然后在城市发展并且安居乐业。城市中不同家庭背景的人、不同环境出身的人能相遇，并一起开展工作，一起建设社会，不就说明了这个时代的可贵之处吗？

从某种程度上说，"小镇做题家"已经算是同龄人中的优秀青年。殊不知有多少人想单纯通过考试改变命运，不管是高考、考研或是公考。通过做题改变命运，一直都是直接而有效的方式之一。如果一个人能持续做好题，他的未来发展一般都不会差。从这个角度看，喊出"小镇做题家"，竟然有一点酸溜溜的感觉。

我第一次看到"小镇做题家"这个词的时候，背后凉飕飕的，我会想，这是不是在说我？我就是从小镇走出来的，我也会做一些题，然后从小镇走到北京，毕业后又留在了北京，折腾了很久，终于算在北京落了脚。社会上对于"小镇做题家"的讨论，给了我一个警醒：我会不会"只会做题"，然后在未来"发展受限"？

如果把"小镇做题家"当成是一种批评，我们可以从中吸收什么有价值的信息呢？做题或许可以让人发生改变，但是人不能只擅长于应试意义下的学习，更要学会在社会实战意义下的学习。会做题，可以让很多人考上好大学，但这不能成为人生成就的巅峰。恰恰相反，到了一个新起点，正是人生的新开始。我们在大学里应该继续保持当年做题的劲头，拓宽视野，升级学习方法，适应新的环境，这样才能取得更大的进步。如果沉迷于过去，没有意识到新阶段对能力的新要求，最终将陷入发展的困局。

在学校里做题，只要搞定由书本上的知识点串联而成的问题就好，但是一旦进入真实的生活，问题会变得立体：要进入什么行业，抓住什么机会，与谁合作，采取什么策略，结识什么样的人……这些问题，会比试卷上的问题更复杂、更有挑战性，而回答得好也能带来更多的回馈。

当人们在讨论"小镇做题家"的时候，讨论的核心也许并不在于"小镇"，也不在于会做题，而在于有没有持续学习，有没有意识到以前让自己所向披靡的方法会有失效的时候。一个持续学习的人对环境是非常敏感的，他能够意识到所处环境的变化并采取应对措施。不过一般来说，不少人往往会拿过去的成功束缚自己，沉溺在曾经的荣耀里难以自拔，直到遭遇一次大失败才开始反思。

在环境变化的时候，我们每个人都可能成为"小镇做题家"，而这时候就要多问问自己：我的这个方法，到底什么时候不能用？

不要成为方法的"粉丝"

当真正学会了一种方法，获得了很好的成绩，甚至生活变得更好之后，我们倾向于频繁使用该方法，并不断加码。手里拿着锤子，看什么都是钉子。很多人习惯了偷懒，习惯了节省脑力，当掌握了公式以后，在遇到新问题时更容易直接套用公式，而不是去思考这一次和上一次有什么不同，能不能套用公式。正是这种偷懒的想法，会让很多人在漫长的岁月里付出惨重代价。

时代持续在变，唯一不变的可能就是变化。而我们在工作和学习当中对于已经学会的东西，需要思考一个问题：我学会的这个技术、方法、理论或模型，在什么时候是不能用的？在什么时候会失效？

只有当知道一种方法在什么时候不能用时，我们才算真正掌握了它。而意识到不能用的场景，就是在寻找这种方法的边界。当明白了边界在哪里，我们就不会盲目套用了。

如果要把一个螺丝拧开，可能要用螺丝刀而非锤子；如果要把一个螺母装牢，肯定要用扳手而不是起子。有人会问，我怎么知道我在面对螺丝的时候，要用螺丝刀而不是锤子呢？在你第一次遇到锤子的时候，要知道这是个锤子。锤子能干锤子的事，起子能干起子的事。这就回到我们前面章节讨论的有关概念学习的话题。在接触到一个新概念时，要学会这个概念在什么情况下适用、在什么情况下不适用。这些信息应该带入解决具体问题的过程中。

我们在学习和工作中需要解决许多问题，这些问题都是非常具体的，而且往往是复杂多变的。解决它们的最有效的方法是具体问题具体分析，搞清楚问题到底是什么，然后采用相应的工具去解决。这时候，我们不要成为某种方法的"粉丝"，也不要让某种方法成为我们的信仰，而是要实事求是地研究问题，审时度势地解决问题。

毛泽东在《学习和时局》一文中写道：

> 列宁说，对于具体情况作具体的分析，是"马克思主义的最本质的东西、马克思主义的活的灵魂"。我们许多同志缺乏分析的头脑，对于复杂事物，不愿作反复深入的分析研究，而爱作绝对肯定或绝对否定的简单结论。[1]

持续学习的高手通常会进入"具体问题具体分析"的阶段。高手是允许不确定性存在的，因为这是事物本来的面貌。一件事情既可能是这种情况，也可能是那种情况，具体是什么情况，看到情况再说。但是一些初学者无法忍受这种不确定性，一定要一个明确的答案，哪怕是错的，也会感到安心。

学习没有"最好的方法"

以学英语为例。网络上有太多人在寻找最好的英语学习方法，这样就耽误了很多时间。每个人的基础不一样，特点各不相同，一种方法可能适用于解决现在的问题，另外一种方法可能适用于解决另一个问题。到底哪个好，得自己尝试并加以摸索才行。

---

[1] 摘自《毛泽东选集第三卷》第 939 页，人民出版社于 1991 年出版。

在我的学习社群里，我一般会让大家先行动起来，最开始不要过于在意用的是不是好方法，不要找别人要定心丸，而是去尝试和实践，先用一种方法持续做一段时间，然后评估效果。如果发现这种方法不好用，要知道哪里不好用，之后自然会知道怎么改进和调整。

一个英语初学者的单词基础明明很薄弱，却想大幅提升听力能力，我会让他先背单词；而假如他考过英语四、六级，有一定词汇量积累，但发音稍有问题，可能我会让他先练一练听力，用听力激活发音；假如你在发音上的问题过多，那么直接做听力训练，效果又会不明显，我会让他研究音标，重点关注每个音标发音时口型和舌位的变化。如果是高阶学习者，英文写作遇到了困难，我会让他做阅读训练，以此增强对英文表达的敏感性；如果写作瓶颈较大，我会让他做一些中文写作练习。对，你没看错，中文写作训练也是可以提升英文写作能力的。

为什么说不要在方法上纠结，因为每个人都会面对不同的具体问题，对这个人适用的，未必对那个人适用。只要我们能踏实下来，具体问题具体分析，一定会找到许许多多不同的解决方法。

再举一个读书的例子。我们可能由于工作忙，没有时间看书，那么可以选择订购一些听书专栏，但是由于版权问题，很多听书专栏的内容其实和书本身的相关性不大。要知道，听书就是一个引子或者简介，我们在听了以后想了解更多内容的话，最好把这本书认真读一遍，不要把听完一本书当成是读完了一本书。

假如看书看不进去,又有什么方法呢?前面介绍过,可以抄书,一字一句地抄。抄书能强迫我们集中注意力。当注意力不能集中时,就要通过多投入时间来练习。但是,假如持续抄书一段时间,对书中的基本概念有了一定了解以后,就没必要再去抄书了。

方法产生于实际问题的解决中,方法要为我们所用,而不是我们要臣服于某种方法,更不要变成某种方法的"粉丝"。持续学习,一切以人为本,一切以自己的学习为本。

让更多人一起学会

一个人持续学习、持续成长，在经过足够长的时间后，将会面对什么挑战呢？自己能学会还不够，还要让别人学会，这叫共同进步。

管理学"真香"

我曾在 2020 年的第二季度举办过一期管理学专题读书活动。当时很多人看到"管理学"三个字，就摆手说："我这辈子都不会去当管理者，所以我不需要学习管理学知识，也不打算去学，这书就没什么好读的了！"

不过仍然有很多人纯粹因为信任，外加我的各种"威逼利诱"，跟着我一路跟跟跄跄完成了那期管理学专题读书活动。我们每天阅读、答题、思考、总结，持续了四个半月，人均写出十几万字的读书笔记。很多人在结束时回头去看，才发现差点错过了如此宝贵的知识财富。这些知识财富既包括管理学大师彼得·德鲁克早年关于管理的思考，也包括组织行为学里的许多职场发展法则，还包括把管理思想运用到个人与家庭生活中的窍门。

假如我们有志于持续学习一百年，我们最终会在某一个团队、某一个组织、某一个领域里发挥重要的作用。这件事情不在三年内发生，就在五年内发生，不在五年内看见，就在十年内看见。一个持续学习、持续进步的人，最终会散发出闪耀的光芒，除非你完全不成长、完全不进步、完全不学习。

而我们要做好的心理准备是，当我们开始持续学习、不断提升自我时，终将站在舞台中央，终将影响其他人。也许很多人会认为，自己在事业上没有取得大的成就，但至少也会组建自己的家庭，与家人朝夕相处，这个过程中不是你影响我，就是我影响你。但是无论我们是否结婚，都要管理家庭事务，都要面对父母、亲戚、朋友。假如我们结婚成家，还需要面对另外一半以及他/她的父母、亲戚、朋友。这些都与管理有关，而既然与管理有关，那么掌握管理学这一思想武器就一定对我们有用。

那场专题读书活动经历了四个多月后，大家最后明白，管理学并不是日常生活中随口说出的"当领导"，而是一种"安排"生活与工作的技术和艺术。我们只要有生活、家庭、事业，以及有自己关切的事情，就必然需要管理，必然离不开管理学。等到管理学专题读书活动结束的时候，社群里已经听不到"我这辈子都不会当领导"这种话了，大家说得最多的一句话是："管理学，真香！"

持续学习者持续让他人学会

如果你觉得一个人做到持续学习不容易，那么可以试试与一群人一起持续学习，在自己学会的时候，也让他人学会。当尝试解决"多人持续共学"这个更难的问题时，我们就会发现，一个人学习，其实也没有那么难。这就是《持续行动》一书结语部分提到的"先升维，再降维"的解决问题的思路，它可以直接拿来指导我们的学习。

一个持续学习的人，有能力为他人带来"持久启发"。要说明的是，这种持久启发，并不是一瞬间的"启发感"。一瞬间的启发感更像是听了一个段子，让人哈哈大笑，却很容易忘记。我在看一些脱口秀节目的时候，感觉表演者妙语连珠，而关掉视频再回想他说了什么，好像没有留下太多印象，就只是觉得他讲得好笑！

而持久的启发是指，由于你有了持续行动的经历与切身体验，头脑里产生了新想法，开拓了你的视野，让你看到了全新的世界，就像种子发了芽，获得了生命。这个过程一旦发生，不可逆转。要达到这个效果，共同学习的人是一定要一起经历一些事情的，比如置身于相同主题、相同场景的挑战之下，各自独立又彼此协助地完成一些任务，从"启动"到"收尾"，穿越一次完整流程。

如果你想让一群人也持续学习、持续学会，那么想获得一瞬间的"启发感"，并不是一件很划算的事情。

首先，把人聚起来一起持续学习，是一件不容易的事情。团结一群人共同持续学习，是一件考验人的事情。如果一个持续学习的人没有学会、没有学出成就，周围的人没有看见、没有感受到，那么他们未必会愿意与你一起学，你喊破嗓子也不一定有人理会。只有持续学习者自己真正做到，才会有人愿意认认真真地与你一起持续学习。花有芬芳，自然招蜂引蝶。

其次，人都聚在一起了，与其搞个"小"的，不如谋个"大"的，与其做容易的，不如挑战困难的。持续学习者对自己有更高要求，一群人聚在一起，人多力量大，能不能啃几块平常下不了嘴的硬骨头？能不能做一些"一开始怕做不到，然后咬牙努力、跳起来摘桃子，最后做到了"的事情？团结可以产生更大的力量，这种力量能不能让我们上一个新台阶？

最后，立竿见影的改变，也意味着马上就能改回去，而持久启发才能走上可持续发展的道路。经常有人说，你一句话让我醍醐灌顶，改变了我的人生。我说，如果你会因为一句话而改变人生的话，那么再多听几句话，也很容易改回去。持久的启发，是要经历一段历程的，它不是单纯因为一句话，而是来自一段经历所带来的全方位的体验与感知，只有这样，我们才会有更鲜活的印象、更深刻的领悟。因此，这是一点点攒出来的，不是用金手指点出来的。

让一群人持续学习是一个非常长远和宏大的命题。两千多年前的孔子就带着三千弟子持续学习。在现代社会，学校教书育人也是让一群人能够持续学习，完成民族精神的传承。企业也会办内部大学，让员工学会新本领，提升竞争力。作为个体，"穷则独善其身，达则兼济天下"，不会学则自己持续学，会学则帮他人一起持续学。

以读书会与人共学

怎样与一群人共同持续学习？做读书会！

读书会既可以在线上做，也可以在线下做，还可以线上线下一起做。现在通信技术发达，一群人可以轻松跨越时空共同学习。

过去五年来，我一直带着一群小伙伴一起读书。做读书会这件事情的初衷非常简单，在持续写作的第四年，我完成了 1000 天持续行动，但是我意识到仅仅输出还不够，还要做输入，而且要输入那些我们平常不愿意学，但是又很值得认真学的内容，就是所谓的"大部头"。于是我开始做读书会，每天和大家一起读书。

我的读书会不像培训班那样教你如何读书，或者让你学了以后去教别人，也不是提前把读书稿写好，然后放录音给你听。我不帮你读，而是让你自己读，我们一起读，一起开启行程，一起征服远方,一起攻克某个领域的阅读知识点。这就像参加一次野外徒步,向导虽然是向导,但是也要一起走。

在我们持续阅读的过程中,我出题,大家做题,一起写读书笔记。一天又一天,五年下来,我们已经涉猎了多个领域的知识,阅读了几十部专著,比如管理学、营销学、心理学、历史学、传播学、保险学、经济学、教育学等内容[1]。很多人跟我说,自从开始持续读书,终于知道应该怎么学习,知道自己要学什么,不再会受到其他"快速学习""捷径"类信息的干扰和误导。

这些反馈让我感到欣慰,一个人的持续学习最终带动了更多人的持续学习。在写本节的时候(即 2021 年 7 月),我们刚刚结束"保险学"专题读书活动。700 人参加,120 多天的时间里,我们每天读书、答题。我管这叫"日毕",取自"今日事,今日毕"。每周我们会移除当周的某天没能做到"日毕"的同学,在活动结束的时候,我们群里仍然留存了 650 多人。如果你做过社群运营的工作就会知道,达到这个程度,还是有一些难度的。在修订这节内容的时候(即 2021 年 10 月),我们又完成了"经济学"专题读书活动,这一次我们升级了要求,做到了三个全面:"全面日毕、全面复盘、全面分享",我们一起又把社群工作推向了一个新的高度。

很多人问过我,读书会应该怎么做。我结合自己这几年的经历做了梳理:一个读书会如果要持续运营,大家一起持续学习,会经过哪些阶段。

---

1 阅读书单参见微信公众号"持续力",后台回复"书单"可以获得。

（1）边读边记。

早期的形式是直播式共读，每天早上六到七点，锁定一小时，大家各自翻开同一本书一起读。读完以后每个人把一些好句子以及读书感想写下来，大概两三百字就可以。这种形式比较容易上手，也有大家一起看书、学习的气氛。这个阶段我们持续了几个月的时间。

（2）看完就讲。

读书摘抄金句，不用花费多少脑力，做久了就形成了读书会的常规动作。作为读书会的发起者，我主动给自己加压，要求自己看完以后马上讲出来。每天早上，我们先花一小时的时间集体共读，然后我用半小时把刚刚读过的内容讲出来。

这件事可以锻炼一个人非常强悍的反应能力。看新的书，不备课，看了以后马上就讲，还不能照着念，这要求讲书的人要在非常短的时间内完成内容理解与语言组织的全过程。这个阶段大概持续了一年时间。

（3）读书答题。

我发现，让大家只写读书感悟其实还是不够的。我一个人讲，把自己训练出来了，但是大家反而练得少。于是我开始设计题目，规定大家每天要读的页数，要求大家根据阅读内容回答问题。有了题目的指引，阅读就更加有了章法。有时候，我们阅读的一些教材，比如营销学，教材里就有题目，这样就会比较省事，不过之后我还是选择自己再出一些题目。这个阶段我们也花了一年多的时间。

（4）组建小队。

大家开始答题以后，我开始组建读书小队，让大家能相互之间更好交流。每个小队选择一位队长带领大家一起学习。同时，小队长和队员相互沟通，可以做更精细化的作业管控。这时候我也在面对新的挑战，那就是需要辅导小队长的工作。这个过程持续了近一年时间。

设立小队制度后，我要做的工作分成了两部分：一方面要准备读书活动的内容，另一方面需要辅导队长做好无权威领导与沟通的推进工作。与此同时，大家读书的压力会增加，因为我提出了更高要求。之前会要求所有人每周至少完成一次阅读任务，而在这一阶段由于有了队长的工作支持，我逐渐把底线变成要求大家从每周做一次作业到每周两次、三次。随着难度逐步提升，大家发现这种读书方式非常有效，来报名参加读书活动的人越来越多，小队的数量也持续增加，我辅导队长的压力也不断增大，于是我们进入了下一个阶段。

（5）小队分组。

在这一阶段，我们引入了"组长—队长—队员"的结构。我来抓组长，组长辅导队长，形成了两级结构。有了这两级结构，队长遇到了问题，可以和组长交流，队长和队长之间也能相互交流。采用这种管理结构以后，我们在 2021 年年初实现了"全员日毕"的目标，在 2021 年实现了"三个全面"的目标。当我们发动大家全员参与读书活动后，大家的学习效果变得更好，而这又进一步增强了大家投入的意愿。

到了这个阶段，我们基本消灭了"小透明"。消灭"小透明"的好处是，在面对问题或者挑战的时候，每个人都主动谈自己的想法。当每个人把自己的想法拿出来，大家相互交流时，就可以非常明显地感受到每个人对同一件事情的理解是不同的，每个人的出发点是不一样的，这种不同就正好填补了我们的知识结构。

（6）线下见面。

当我们把线上活动做到位，一个意外的收获是，线下活动的规模也得到了倍增发展。以前，一场活动往往只有几十人报名，而且大多数情况下是同城的人才会参加。但是当大家在线上共同作战以后，见面的意愿更强了，报名人数实现翻倍，大家更愿意跨越城市来相见。

我们每年会在一些城市举办线下活动，每场活动都有一半以上的人从外地赶来，他们就是为了看看鲜活的面孔，和小伙伴一起交流。很多人虽然是第一次见面，但是却像老友重逢一样，倍感亲切。通过读书结交朋友，真是一件很开心的事情。

共同学习最简单的方式就是一起做。只有当我们一起做的时候，才会发现很多问题是在做的过程中出现的。如果没有遇到，即使提前看到，也不会有太大的作用，因为会忘记。很多人告诉我，他们参加读书会最大的改变是，**即使工作再忙，也知道要读书、要学习，每天雷打不动抽出时间读书**。而他们也真正从学习当中受益，而不是陷入自我感动中。当大家的谈吐变得更好，写作能力变得更强，在生活中也更加有想法时，这种感觉是非常好的，这也是持续学习带给我们的回报。

现在回头再看读书会，从 2017 年到 2021 年，我们花了几年时间一点点迭代，一点点变得更好。在逐步提升难度的过程中，读书会吸引到更多参加活动的人，而读书会本身对学习要求就非常高，这种高要求也会反过来帮到我们自己。

读书是一辈子的事情，你可以在很短的时间内看到很多聪明人的观点，而你要在生活中见到他们，有时候往往没那么容易。所以我们只需要认真研究、认真实践、拓宽视野就好，而收入、眼界、生活状态都会随着学习的深入，一点点变得更好。

要相信，持续学习的人是配得上更美好的未来的。

全面消灭"小透明"

在我的社群里，每年都有一小撮儿小伙伴，每到续费的时候他们给我一笔钱，然后就不见了。一直到下一次续费的时候又会出现，再给我一笔钱。每年按时交钱，我当然感到很受"宠爱"，也会高兴一阵子，但是很快就会乐不起来，因为这件事情是不可持续的。

把目光放长远，一个社群如果要持续发展，其根本在于什么？在于社群成员的共同行动。在一个社群里，由于受到社群氛围影响，我们做了一些没有做过的、没有想过的事，取得了预期之外的结果与收获，并且能够持续下去。也只有这样，社群才会良性运转，才能持续发展。

只有共同行动，社群成员间才不会在前进的道路上丢失彼此。每年定期交一笔钱，然后就不行动了，这固然说明我们社群有吸引力，但是对于社群的持续健康发展来说，是远远不够的。

社群的价值在于成员之间的交互，而交互的基础在于共同行动。只有通过共同行动才能产生共同的场景语言，才能打破陌生的壁垒。如果没有共同行动，社群就会沦为以下结局。

> 大家相互介绍一下自己，用常规社交方式客套一把，然后就是尴尬的安静，各自继续做各自的事情。
> 遇到问题要讨论时，自己明明有想法但不敢说出来，害怕说错，更怕别人嘲笑。
> 在私底下，在熟悉的人面前，很多人话多得不行，但在正式场合要上台的时候，一句话也说不出来。

这些表现其实就是"小透明"的特征。"小透明"总感觉自己是透明的，大家不会注意自己，于是没有责任担当，没有承诺压力。"小透明"总会"佛系"地安慰自己，有结果可以，没结果也行，反正就是安安静静的。

在个人成长道路上，做"小透明"是很吃亏的。对于一件值得投入的事情，你投入三分气力，我投入八分气力，收获是不一样的。做"小透明"和个人成长是相互矛盾的。小透明总觉得事情和自己没有关系，不需要发挥作用，逆来顺受就可以了。这个想法和持续学习是矛盾的，持续学习者必须知道一个真相，就是当你进入一个团队，并开始在团队中生存发展之后，你就注定无法变成一个透明人，你终究要发挥作用。

如果一个人在不断进步，必然会在某个领域产生影响力，必然无法成为"小透明"。随着一个人在"持续行动+刻意学习"上的深入，会承担越来越多的责任、压力和挑战，不仅仅是对自己，更是对别人。可能由于不少人之前学习不到位、思想不到位，放弃了可以带来影响的机会与权利，也没有体会到影响他人的意义与价值，一直习惯于默默无闻，忘记了自己其实是有选择的。

当一个人想要进步和成长的时候，在自己专注的方向上，应该永远和"小透明"说再见。假如想比现在的自己变得更好，那么如何在保持透明的情况下变得更好？假如要比现在的能力更强，又如何在不被别人知道的情况下变得更强？

对于持续学习者，终究会对某个群体产生影响，并且终究要将自己的想法表达出来以谋求理解与合作。除非你不打算成长，永远蜷缩在舒适的角落里，否则你终将有要站出来用自己的肩膀扛起责任的时候。

既然如此，不如早点开始动手，消灭自己的"小透明"心态。

> 如果喜欢一篇文章，并得到了启发，那么就在读完以后马上整理收获，写篇简短复盘评论，回馈作者。
>
> 如果认为某位朋友的观点很有价值，可以加他为微信好友，告诉对方："你刚才说得真好，对我有启发，谢谢你！"然后附上一个小红包，上面写"请你喝杯咖啡以示感谢"，或者认真总结你的感悟。
>
> 如果一直想读一本书，就马上去读，哪怕只读五分钟，也是一次自我突破。
>
> 每参加一次论坛或者活动，都要求自己要么多认识新朋友，要么抢到提问的机会，用这种方式迫使自己成长。

有人说，何必这样辛苦呢，轻轻松松不好吗？我想说，谁告诉你这样不轻松了？轻松也分很多种，有躺平的轻松，也有高处的轻松。当已经习惯于做事有所投入，能从任何环境里吸收营养，长此以往我们会发现，自己很容易获得更多的好机会，得到更多的帮助，认识更多有趣的朋友。

"小透明"总感觉世界与自己无关，认为自己是逆来顺受的人，无法干预和影响环境。其实如果认真一些，真诚行动，愿意表达，敢于争取，很多事情的发展会超出自己的预料，甚至还能影响历史进程。

回到前面提到的"持续续费"的情况，由于这些"小透明"没有参与活动，他们不会有全面且深刻的读书感受，即使是持续续费三五年，最后也会慢慢离开。因为我们一年可能会做上百件事，而续费只是其中一件。如果只做这一件事情，没有做其他事情，对他们来说，就只是在不断交钱而已。这样重复的动作，很快会变得无聊。把这个动作与其他更多的动作组合在一起，才会是更有意思的事情。

在社群里，我希望能将每个人都真正地动员起来，为自己做事，然后借助社群平台的力量，形成涌现与放大效应，实现"众人拾柴火焰高"。

消灭"小透明"，训练担当力，从我做起。假如本节内容对你有启发，你可以试试能不能找到我，然后给我发一段你的感悟，让我对你有印象。

结语

持续发声,直到相遇

2017年年初,我即将出版第一本书《刻意学习》。这时候有位"情感作家"朋友说:"你如果出书,不会很好卖,毕竟文章太难懂了,没有多少人看的。"能遇到这样"坦诚"的朋友是很难得的,我虚心接受了他的指点。不过我们都没有想到的是,我的书上市以后,销量一不小心就超过了他的。于是,我多了一个"畅销书作者"的名头,少了一个爱提建议的朋友。

我长期更新的微信公众号名字叫"持续力",每篇文章的阅读量都不高。我到目前出版了两本书——《刻意学习》《持续行动》,销量都没有到百万册,但是一直在销售中。我平时的写作风格会比这本书"硬"一些,没有连篇累牍的感人故事,没有加粗强调的亮点金句,更多的是冷静分析加一些"毒舌"话语,不少人在读这些内容时会觉得有人在骂他。我还有一个社群,每年有上千名小伙伴一起读书学习,共同行动成长,见证彼此的变化。这些事实看上去有些相互矛盾:为什么公众号的阅读量少,但社群人数却还挺多?为什么文章写成那样,出版的书却持续在销售?

很多人看不懂,甚至我自己以前也不懂。不过好在我会学习、能总结,也就渐渐地把这些问题搞明白了。

这几年做过的事情带给我的最大启发是,你真的不用在意"别人"怎么说。"别人"永远都不重要,因为真正会跳出来对你"指手画脚"的"别人",只能代表他自己,不代表统称的"别人"。如果有人说你不行,只是"这个人"说你不行,是"个别人"说你不行,而不是泛泛的"别人"说你不行。**不要轻易把个别人的评价,上升到你对自己的一般性、结论性的认识上。**"别人"到底是谁,没有人知道,甚至"别人"压根就不关心你。三个反对你的人,可以成为"别人";五个支持你的人,也可以成为"别人"。"别人"是一张牌,你想怎么打就怎么打。

只要你在持续学习和行动,持续做事提升自己,你一定会变得越来越有价值。更有意思的是,最开始你可能并不能预料到,自己所做的事情会对哪些人产生价值、带来影响,直到你遇见

《学习的奏鸣》脑海电里的小精灵 设计：[S327] 班智

了他们。在你没有遇见他们之前，你更有可能接触到不对"胃口"的"别人"，他们的数量更大，摩擦的频率更高。不要和"别人"过不去，虚心接受他们的各种意见，然后悄悄做自己该做的事，要相信你能遇见能够理解你、需要你的"别人"。

世界那么大，人那么多，一定有认可你的人，你终将有机会见到他们。这是一种信念，就像你相信世界上一定有人和你同年同月同日生一样。至于最终能不能见到他们，就看你是不是在持续学习、持续行动、持续发声。在你们相遇的那一天，他来了，你还在。

记得我刚到清华大学读书的时候，曾参加过一个活动，认识了一位清华大学美术学院的女生。那时，在我们工科男生眼里，研究艺术、搞设计、能画画的女生，就像仙女一样，有气质、很优雅、非常洋气。而我们面对键盘搞技术的就大不一样，很多人在夏天穿个大裤衩、文化衫，还不洗头，算是另类物种。简短寒暄后，她说自己以前是学油画的，现在改行做信息设计。为了让聊天不尴尬，我说自己以前也学画画，升学考试时还拿到了特长加分，只不过文化课成绩也够用，之后就没有再画画了。女生听了就说，好可惜，如果你当时一直画画，我们现在就是同学了。我说，东边不亮西边亮，现在不也成为了同学。打开了话匣子后，我们就开始聊了起来……

我们在人生不同阶段遇到的人，一部分是由于机缘巧合，一部分是源于前一阶段所做的事情播下的种子。如果我不在前一阶段持续行动、持续努力，最后争取到去清华大学上学的机会，我就不会有机会参加活动。即使我参加活动，如果没学过画画，在遇到画油画出身的同学时，也聊不了太深入。

持续发声的价值就在于，如果不知道需要你的人在哪里，就只能时刻准备着，万一哪天机会垂青，你依然处于"开机待命"状态，而不是正好走开。人在深井里，只有持续呼喊，持续发出声响，别人才有可能在匆忙的脚步声中注意到你。

这个社会，每个人都在发出声响。有的人选择沉默，有的人选择喧闹，沉默和喧闹都是一种发出声响的方式。有的人说，我也想找到那些认可我的人，与他们在一起，但是我不知道要发出什么样的声响，我不知道什么是对的、什么是错的，我习惯听别人的看法，自己没有明确的答案。如果是这样，你最好先试着把自己直觉上认为是对的事情发出声响，并且努力做到，确保言行一致。相信什么、说什么话，这个不重要，重要的是你把所说的做到了，并且持续做到。只有当言和行开始统一的时候，言才有可能调整，行才有可能改变，最终二者会保持一致。如果能长期保持言行一致，就会让我们生活通透、身心愉悦，就会感到幸福。保持言行一致，学习才有可能真正取得实效。

你可能有说场面话或者逢人吹牛的习惯，但是只要话说出了口，就要做到。如果做不到，就认一次错，付出代价，接受惩罚，下一次学聪明点，少吹一点牛，多做一点事，让言与行的距离近一点。慢慢地，你不会再胡乱说话，而当你说出来的时候，就代表你能做到。

而一旦采用这样踏实的方式，持续发声，持续做事，我们在学习的道路上，就找到了一条长长的雪道，可以在上面慢慢滚雪球。

如果你感到焦虑迷茫、不知所措，可以试着收缩自己的言语，收敛自己的目光，放大自己的行动，加大自己在学习上的投入，多做一些事，少讲一些话，多向内看自己，少张望对外渴求。做事情时最好讲 80 分，但是做到 90 分；下一次讲 85 分，再做到 95 分。说的事情和做的事情，至少保持相同的体量，最好做的比说的多一些。长期下来你会发现，除带给自己惊喜以外，也会带给别人惊喜。

用言行一致的方式持续发声，就像在自己的内心守护一块平地，你可以安全地在上面行走，知道自己不会走偏。这个平地也是内心的安全感所在。当你的人生充满安全感，知道自己有安全可靠的大后方后，便可以在持续学习的战场上勇往直前，所向披靡。

到那时候，你就会发现，由于持续发声，你发现的人和发现你的人，就是你这一生幸福感、成就感、充实感的来源。

持续学习不是让我们成为某个其他的人，而是让我们拨开层层迷雾，在情绪的波动中，找到那个真实有力、稳健进步的自己。

（欢迎扫码查看我的最新文章，期待与你相遇。）

附录 A

学习成果自测、思考题

第三章提到了"通过问题引导思考"。为了帮助大家更好地理解这本书的内容，我在这里拟了一些题目，供大家在读完本书之后进行思考。

你可以结合书里的内容，试着用自己的话回答以下问题。这些问题未必是完全按照章节顺序列出来的，也请注意在全书里寻找、定位相关内容。你还可以将这些问题用于组织共读活动，并和小伙伴们一起研讨。当然，你们也可以相互出题，一起回答。

（1）在第一章，作者从哪些方面帮助读者打开学习的视野？

（2）关于学习的认知，哪些与你已有的认知相同，哪些与你已有的认知完全相反？

（3）怎样能引导自己的孩子爱上学习？关于这个话题，这本书带给你什么启发？

（4）做计划容易犯哪些错误？回顾过去，你认为导致自己计划无法顺利完成的原因有哪些？

（5）在你的专业领域有哪些经典作品？请列举五本，并写出你选择它们的原因。

（6）如果要求你每天投入一小时用于学习，其间不被打扰，不做其他事情，即"每天锁定 1 小时"，你会安排在哪个时间段？你如何确保能够稳定执行至少 100 天？

（7）请写出你所在行业里五个重要的基础概念，并给每个概念找到至少三个不同版本的定义，并注明这些定义的出处。

（8）请找一个你在生活中深以为然并经常拿来讲给别人听的道理，并且用一个故事把它讲出来。

（9）你读过除专业以外的哪些领域的书？这些领域里有哪些框架曾经解决了你个人成长方面的什么问题？

（10）关于学习通关的六大阶段，你一般在哪个阶段容易放弃？是什么原因导致你放弃？

（11）在学习的过程中，你做过哪些不老实的事情？试分析这些不老实的行为给你带来了什么结果？

（12）有哪些书是你一直想看，但感觉有难度却一直没有看的？结合本书分享的知识点，制订一个可行计划去攻克它。

（13）截至目前，你已经回答了 12 道题，请问你在回答这 12 道题时的感觉和你在初次读这本书时的感觉相比，二者有什么不同？

（14）从小到大，你是一个敢于坚持自己观点的人，还是一个拿不定主意且习惯于靠他人提供意见来做决策的人？你有没有过在众人反对的情况下，坚持自己的观点，最终证明坚持是正确的经历？这些经历带给你什么启发？

（15）关于学习方法，你认为自己使用最熟练、掌握最牢固，并能为你带来最高成效的学习方法是什么？你觉得这个方法在什么时候会不好用？

（16）在对的人的手里，价值才能得到最大化的发挥。如果请你将本书推荐给一位最需要的朋友，你们一起共读，你会推荐给谁？

（17）如果你在未来见到了这本书的作者，你想对他说什么？

（扫码关注公众号"持续力"，提交你的回答）